Gerhardus J. Coetzee

Uniwersalne wzornictwo w samochodach

Gerhardus J. Coetzee

Uniwersalne wzornictwo w samochodach

Symulatory dla kierowców niepełnosprawnych

Wydawnictwo Bezkresy Wiedzy

Imprint
Any brand names and product names mentioned in this book are subject to trademark, brand or patent protection and are trademarks or registered trademarks of their respective holders. The use of brand names, product names, common names, trade names, product descriptions etc. even without a particular marking in this work is in no way to be construed to mean that such names may be regarded as unrestricted in respect of trademark and brand protection legislation and could thus be used by anyone.

Cover image: www.ingimage.com

Publisher:
Wydawnictwo Bezkresy Wiedzy
is a trademark of
International Book Market Service Ltd., member of OmniScriptum Publishing Group
17 Meldrum Street, Beau Bassin 71504, Mauritius

Printed at: see last page
ISBN: 978-620-0-54710-1

Zugl. / Approved by: Cape Town, South Africa, Cape Peninsula University of Technology, September 2016

Drogi czytelniku,

książka, którą posiadasz, została pierwotnie wydana pod tytułem "Universal Design in Automobiles", ISBN 978-613-9-95460-5.

Jego publikacja w języku polskim jest możliwa dzięki zastosowaniu najbardziej zaawansowanej sztucznej inteligencji dla języków.

Technologia ta, uhonorowana pierwszą w historii Honorową Nagrodą Sztucznej Inteligencji w Berlinie we wrześniu 2019 r., naśladuje sposób działania ludzkiego mózgu, dzięki czemu jest w stanie uchwycić i przetłumaczyć nawet najmniejsze niuanse w bezprecedensowy sposób.

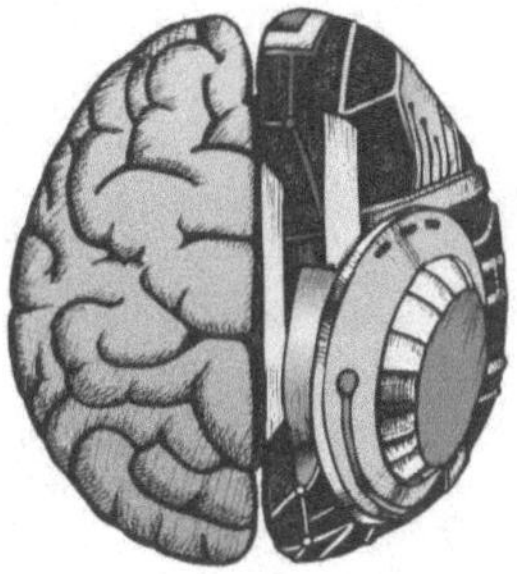

Mamy nadzieję, że znajdą Państwo wiele satysfakcji z tej książki i uprzejmie prosimy o uwzględnienie wszelkich rozbieżności językowych, które mogłyby wyniknąć z tego procesu.

Miłego czytania!

Wydawnictwo Bezkresy Wiedzy

ABSTRACT

Symulatory są wykorzystywane do celów rehabilitacyjnych, jak również do szkolenia kierowców o różnym stopniu zaawansowania. W Republice Południowej Afryki zakres stosowania jest jednak ograniczony do kierowców paraplegicznych ze względu na ograniczenie wyposażenia adaptacyjnego dostępnego w komercyjnych symulatorach. Projekt uniwersalny przewiduje jednak, że z produktu powinna móc korzystać jak największa liczba osób. Kierowca o różnym stopniu sprawności nakłada jednak na produkt ekstremalne ograniczenia. Taki sterownik należałby do kategorii użytkowników z ograniczeniami i chociaż uważany jest za sprzeczny z koncepcją projektowania uniwersalnego, użytkownik z ograniczeniami może, dzięki badawczej metodzie analizy przypadku, przyczynić się do zaprojektowania produktu z zakresu projektowania uniwersalnego.

W niniejszej pracy przyjęto podejście Universal Design do badania symulatorów dla kierowców o różnym stopniu sprawności w RPA. Ograniczający użytkownik został włączony do badań, aby reprezentować większą, zróżnicowaną społeczność. Badania terenowe zostały przeprowadzone poprzez wdrożenie procesu Projektu Uczestniczącego. Zespół został wybrany zgodnie z założeniami Meta-Design.

Metodologia

W rozdziale trzecim omówiono studium przypadku jako metodologię mającą na celu wyjaśnienie praktycznego podejścia i procesu charakterystycznego dla tej tezy. Omówione zostaną również zasady PD i metaprojektu uzupełniające podejście i procesy badawcze. Metody stosowane w badaniach przypadków zostaną również określone ilościowo w niniejszym rozdziale.

Projekt

W rozdziale czwartym omówione zostaną wyzwania projektowe, praktyczne podejście i proces w dziedzinie specyficznej dla wybranego do tej pracy studium przypadku. Prototypy projektowe i interwencje będą testowane i oceniane wraz z danymi wejściowymi od użytkownika ograniczającego.

Ustalenia

Rozdział piąty poświęcony jest wyzwaniom projektowym, podejściu i procesowi, a jego celem jest przedstawienie argumentów na rzecz wyników studium przypadku.

Wnioski i zalecenia

W rozdziale szóstym zostanie przedstawione główne pytanie badawcze oraz symulator zaprojektowany jako odpowiedź na pytanie badawcze. Przeglądane są również pomoce adaptacyjne zaprojektowane na potrzeby symulatora, a także wyzwania, którym muszą sprostać i jak każde z nich łączy się z zestawem kryteriów UD. Rozdział szósty kończy się ograniczeniami tej pracy doktorskiej i zaleceniami dotyczącymi dalszych badań.

Słowa kluczowe

Projektowanie uniwersalne, Projektowanie meta, Projektowanie partycypacyjne, Studium przypadku, Pomoc adaptacyjna, Niepełnosprawni

PODZIĘKOWANIA

Chcę podziękować:

- Vikki Du Preez, za poprowadzenie mnie przez tę rozprawę.
- Profesor M'Rithaa, M.K., za wprowadzenie mnie w świat projektowania uniwersalnego.
- Profesor Oscar Philander, za udostępnienie mi zaplecza do ukończenia praktycznej części tego studium
- Moja żona, za długie godziny pracy
- Mój ojciec za to, że pomógł mi dostrzec potrzebę projektowania dla wszystkich.

SPIS TREŚCI

• LISTA TABEL

WYKAZ CYFR

GLOSSARY

Terminy/skróty/skróty	Definicja/wyjaśnienie
Dostępny projekt	Projektowanie skupiało się na zasadach rozszerzania standardowego wzornictwa na osoby z pewnym ograniczeniem wydajności, aby zmaksymalizować liczbę potencjalnych klientów, którzy mogą z łatwością korzystać z produktu, budynku lub usługi (ISO, 2001:2).
Działalność Daily Living (ADL)	Tam, gdzie istnieją ograniczenia w czynnościach życia codziennego: np. praniu, ubieraniu, jedzeniu, poruszaniu się (Vignon, 2002).
Adaptronika	Interdyscyplinarna technologia optymalizacji systemów konstrukcyjnych (Lorenz, 2013).
Artretyzm	Zapalenie stawu, które może prowadzić do zmian w jego strukturze, powodując ból i obrzęk (Saunders, 2003).
Technologie wspomagające	Technologia wykorzystywana przez osoby niepełnosprawne w celu wykonywania funkcji, które w innym przypadku mogłyby być trudne lub

niemożliwe (AccessIT, 2012).

Konstrukcja bez barier Projektowanie mające na celu wyeliminowanie barier fizycznych dla osób niepełnosprawnych; często używane jako synonim fizycznej "dostępności" w środowiskach zbudowanych (Mugendi Kanampui, 2010).

Dwustronna PFFD Rzadka, niedziedziczna wada wrodzona, która dotyczy miednicy, w szczególności kości biodrowej i proksymalnej kości udowej. Zaburzenie może dotyczyć jednej lub obu stron, przy czym biodro jest zdeformowane, a noga skrócona (Nicky's Drive, 2010; Farlex, 2012b).

Studium przypadku Metoda badawcza, w której podejście badawcze koncentruje się na badaniach jakościowych, a nie ilościowych. (Thomas, 2011).

Niepełnosprawność Zdefiniowana jako "trudność w funkcjonowaniu na poziomie ciała, osoby lub społeczeństwa, w jednej lub kilku dziedzinach życia, doświadczana przez osobę z problemami zdrowotnymi w interakcji z czynnikami kontekstualnymi" (Tuomilehto &

	Wareham, 2006:1220).
Projektowanie dla osób niepełnosprawnych	Filozofia i praktyka projektowa, która ma na celu w szczególności zaspokojenie potrzeb osób niepełnosprawnych (Mugendi Kanampui, 2010).
Kierowca	Osoba, która prowadzi pojazd
Inaczej kierowca uzbrojony	Osoba, która prowadzi pojazd, mając trudności z funkcjonowaniem na poziomie ciała, osoby lub społeczeństwa, w jednej lub kilku dziedzinach życia, czego doświadcza osoba z problemami zdrowotnymi (Thomas, 2011).
Włączenie	Odpowiedź, która określa, jakie są potrzeby danej osoby w celu osiągnięcia pożądanego poziomu uczestnictwa (M'Rithaa, 2009).
Ergonomia pozaustrojowa	Kryteria projektowania odpowiadające fizycznym, psychicznym i sensorycznym cechom użytkowników ludzkich; uwzględnia potrzeby osób niepełnosprawnych, jak również osób doświadczających skutków naturalnych procesów, takich jak

	starzenie się i ciąża (Kroemer, 2006).
Działalność instrumentalna w zakresie życia codziennego (IADL)	IADL to działania, w które ludzie angażują się, gdy tylko sami o siebie zadbali. Działania te umożliwiają ludziom samodzielne życie (Weston, 2009).
Utrata wartości	Kiedy definiuje się ją jako upośledzenie fizyczne, odnosi się ona do wszelkich *"oddziaływań na ciało"* (Tuomilehto & Wareham, 2006:1220).
Niezależne życie	Organizacja życia maksymalizująca niezależność osoby. (The Free Dictionary, 2003).
Ograniczanie użytkownika	Członek populacji użytkowników, który ze względu na swoje cechy fizyczne nakłada najpoważniejsze ograniczenia na projekt produktu (Pheasant & Haslegrave, 2006:27).
Siłownik liniowy	Siłownik, który kieruje siłę w linii prostej. Siła obrotowa jest przekształcana w siłę liniową (Uniwersytet Narzędziowy, 2013).

Mobilność	Opisana jako "zdolność do swobodnego i łatwego przemieszczania się lub bycia poruszanym" (Oxford Dictionaries, 2010).
Stwardnienie rozsiane (MS)	Przewlekłe zaburzenie autoimmunologiczne: wpływające na ruch, doznania i funkcje organizmu. Jest to spowodowane zniszczeniem izolacji mielinowej pokrywającej włókna nerwowe (neurony) w centralnym układzie nerwowym (mózg i rdzeń kręgowy) (Kraft, 2012).
OEM	Producent wyposażenia oryginalnego
Phocomelia	Wrodzony brak proksymalnej części kończyny lub kończyn, dystalne części są połączone z tułowiem przez małą, nieregularnie ukształtowaną kość (Farlex, 2012a).
Symulator	Maszyna używana do tworzenia rzeczywistości rozszerzonej prawdziwego środowiska życia lub doświadczenia, takiego jak jazda samochodem. (Oxford Dictionaries, 2014).
Steer-by-Wire	System opracowany w celu

zastąpienia fizycznego połączenia pomiędzy kierownicą a kołami samochodu za pomocą silników elektrycznych (Kader, 2006:3).

Konstrukcja uniwersalna (UD)

Sugerowanie, aby wszystkie elementy i przestrzenie były dostępne i możliwe do wykorzystania przez wszystkich ludzi w jak największym stopniu. Jest to realizowane we wszystkich aspektach projektowania poprzez przemyślane planowanie z naciskiem na dostępność (Design, 1998:3).

1 ROZDZIAŁ PIERWSZY: WPROWADZENIE I KONTEKST

1.1 Wprowadzenie

W tym rozdziale zostanie przedstawione szerokie tło dotyczące tematu badań. We wprowadzeniu do badań bada się pochodzenie projektowania uniwersalnego w kontekście międzynarodowym, po czym bada się wyzwania związane z projektowaniem w kontekście południowoafrykańskim. Koncepcje projektowe odnoszące się do projektowania uniwersalnego, takie jak projektowanie dostępne, projektowanie bez barier, projektowanie dla wszystkich, a także projektowanie dla osób niepełnosprawnych. Ponieważ projektowanie uniwersalne ma wpływ na niektóre podstawowe czynności związane z codziennym życiem - na przykład rodzaj transportu - transport osobisty uznano za szczególnie problematyczny ze względu na ograniczoną dostępność w kontekście Republiki Południowej Afryki. W związku z tym transport osobisty w Republice Południowej Afryki jest badany jako główny obszar zainteresowania, który ma bezpośredni wpływ na osoby dojeżdżające do pracy w różnym stopniu, a następnie na wyniki badań statystycznych dotyczących Republiki Południowej Afryki. Podejście oparte na studiach przypadku wprowadza się jako metodologię badawczą i metaprojektowanie, wraz z projektowaniem partycypacyjnym, jako teoretyczny sposób myślenia.

1.2 Uniwersalny design: Krótki kontekstowy przegląd

Universal Design powstał w wyniku zmian demograficznych ^{XX} wieku. Średnia długość życia człowieka wynosiła 47 lat, a większość osób z chorobami przewlekłymi żyła w warunkach pielęgnacyjnych. Ludzie żyją dziś dłużej; średnia długość życia wzrosła do 76 lat (The Denver Post, 1998). Osiemdziesiąt procent ludności USA żyje po ukończeniu 65 roku życia, a US Census Bureau szacuje roczny wzrost o 40 milionów w ciągu 14 lat (Jones & Stanford, 1996). W 2013 r. średnia długość życia wzrosła do 78,8 lat, a tym samym liczba osób starszych wzrosła od 1998 r. (Jiaquan Xu, mgr. Sherry, L., Murphy, B.S., Kenneth, D., Kochanek, M.A. & Brigham A. Bastian, 2016)

Oprócz podwyższenia wieku, więcej osób żyje z niepełnosprawnością. I i II wojna światowa stworzyła ogromną liczbę niepełnosprawnych weteranów. Jednak postęp w medycynie umożliwia tym ludziom przetrwanie w poprzednio śmiertelnych warunkach (McNeil, 1997). W Stanach Zjednoczonych szacuje się, że w grupie wiekowej od 6 lat 8,6 mln osób doświadczyło jakiejś formy wyzwań związanych z jedną lub kilkoma czynnościami życia codziennego (ADL) (McNeil, 1997).

W porównaniu z danymi statystycznymi USA populację RPA szacuje się na 46,9 mln (Stats SA, 2005a:8) do 48,3 mln (Population Reference Bureau, 2008:14) i przewiduje się, że do 2025 r. osiągnie ona 51,5 mln, a do 2050 r. 54,8 mln - szacowana stopa wzrostu wynosi 13% do 2050 r. (Population Reference Bureau, 2008:14). Te zmiany demograficzne mogą spowodować, że ludność będzie starsza i bardziej niepełnosprawna niż przed ^{XXI} wiekiem.

Wraz z wiekiem pojawiają się wyzwania związane z aktywnością w życiu codziennym (ADL), jak również z aktywnością instrumentalną w życiu codziennym (IADL) (Weston, 2009)). Według Westona, ADL to opieka lub poruszanie ciałem, czynności takie jak chodzenie, kąpiel, ubieranie się, toaleta, mycie zębów i jedzenie. Z kolei IADL to działania, w które ludzie angażują się, gdy tylko sami o siebie zadbali. Zadania te pozwalają ludziom na samodzielne życie. Wiele osób może jednak nadal doświadczyć samodzielnego życia, wymagając pomocy przy jednym z tych zadań: gotowaniu, prowadzeniu samochodu, korzystaniu z telefonu lub komputera, robieniu zakupów, śledzeniu finansów i zarządzaniu lekami (Weston, 2009)). Lawton i Brody (1996) klasyfikują zadanie IADL polegające na prowadzeniu pojazdu jako środka transportu. Rodzaj transportu obejmuje samodzielne podróżowanie transportem publicznym lub korzystanie z transportu osobistego, organizowanie podróży taksówką, podróżowanie transportem publicznym w towarzystwie innej osoby, a także podróżowanie taksówką z pomocą innej osoby (Lawton & Brody)., 1996)

Skupiając się na osobach niepełnosprawnych, zawody uświadomiły sobie wykluczenie potrzeb osób niepełnosprawnych i podjęły próbę rozwiązania problemu braku ich udziału w działaniach głównego nurtu (Buden, 2002). Projektowanie jest uznawane za potężne narzędzie, które może być wykorzystane do rozwiązania problemu dyskryminacji produktów poprzez wykluczenie. Edeholt (2004, cytowany w Jönsson & Certec, 2006b:145) stwierdza, że "projektowanie ma swój kierunek [*i*] u podstaw, zajmuje się tym, jak rzeczy powinny być, czym powinny się stać, a nie tym, jak są". Projektant powinien aspirować do bycia częścią rozwiązania; dobry projekt umożliwiłby ludziom (EIDD, 2004). Jeden z aspektów umożliwienia ludziom dostępu do transportu ma związek z ich dostępnością. Szereg kluczowych podejść przemawia bezpośrednio za potrzebą nieograniczonej dostępności, a przynajmniej projektowanie powinno oferować osobom niepełnosprawnym odrobinę wsparcia, aby umożliwić im dostęp do niezależnego stylu życia.

1.3 Konstrukcja zapewniająca dostępność: Przegląd kluczowych podejść

Accessible Design stara się uczynić interaktywne środowisko (produkty, miejsca i przestrzenie) "bardziej użytecznym dla osób niepełnosprawnych" (Vanderheiden, 2001:65). Według Wijk (2001) użycie terminu "*dostępność*" oznacza środek tymczasowy, przejściowy lub polegający na wyeliminowaniu różnic. W ten sposób projekt uwzględnia główne wyzwania związane z codziennym życiem (ADL). Steinfeld (2001) zwraca jednak uwagę na ograniczenia związane z dostępnością projektu:

"Accessible Design" uznaje, że osoby niepełnosprawne mają prawo do dostępu i korzystania z produktów i [zbudowanych] środowisk, ale nie idzie to wystarczająco daleko, ponieważ nie wyraża integracji społecznej. "

Edeholt (2004, cytowany w Jönsson & Certec, 2006b) sugeruje, że projektowanie powinno być częścią rozwiązania. Wijk (2001) krytykuje jednak brak edukacji i szkoleń w zakresie dostępnego projektowania, na które projektanci i architekci są narażeni podczas studiów. Wyzwanie polega na tym, że zastosowano wyidealizowane i nierealistyczne ramy antropometryczne, co doprowadziło do podejścia "szkolenia przeciętnego", a nie bardziej dogłębnego skupienia się na różnorodności anatomicznej, psychologicznej i antropologicznej. Projektowanie bez barier znalazło swoje korzenie w wysiłkach zmierzających do sprostania tym wyzwaniom.

Barrier-free Design (BfD) narodził się w odpowiedzi na dyskryminujący projekt architektoniczny, zwany również "architekturą apartheidu"

(Gleeson, 2001:153). Koncepcja ta stworzyła ramy dla projektowania dla potrzeb użytkowników wózków inwalidzkich. BfD jest ściśle powiązana z zasadą *powszechnego dostępu (*UA), a także uzupełnia koncepcję *racjonalnych usprawnień,* której celem jest "zmniejszenie wpływu upośledzenia na zdolność danej osoby do wykonywania podstawowych funkcji" wymaganych od niej (Republika Południowej Afryki, 2003b:13). BfD jest jednak z natury rzeczy ograniczająca, ponieważ traktuje osobę niepełnosprawną raczej jako główny cel świadczenia usług niż jako główny cel projektu (Goldsmith, 1997; 2000; 2001).

Design-for-All, jako dyscyplina, ma w Europie swoje podstawy w postaci *europejskich zasad projektowania uniwersalnego* lub *europejskiej koncepcji dostępności* (Wijk, 2001; Komisja Europejska, 2002; EIDD, 2004; Coleman, 2006; EDeAN, 2006; Klironomos, Antona, Basdekis, & Stephanidis, 2006). Obecnie Design-for-All (DfA) jest podobny do *Inclusive Design* i *Universal Design - Inclusive Design* rozwijającego się w Wielkiej Brytanii i USA (Naess, 2003; Design Council, 2006; EDeAN; 2006; Tiresias, 2006). Zwolennicy UD i DfA zgadzają się w swoich dyskusjach na temat dostępności i osób niepełnosprawnych. DfA jest również priorytetem w Unii Europejskiej i na szczeblu rządowym w jej krajach członkowskich.

Projektowanie dla *potrzeb osób* niepełnosprawnych można również określić jako *Projektowanie dla potrzeb specjalnych* i odnosi się do medycznego modelu niepełnosprawności, skupiając się głównie na pomocy i adaptacji do codziennego wyposażenia i budynków (Clarkson, Coleman, Keates & Lebbon, 2003:599). Projekt został podjęty z zamiarem bycia protetykiem, a jego początki sięgają rehabilitacji pourazowej weteranów wojennych. Podejście to zostało zastąpione przez ramy i wytyczne dotyczące *projektowania integracyjnego* w Europie. Różne podejścia do oferowania zwiększonego dostępu i wspierania użytkowników, którzy mogą być różnie traktowani, mają duży wpływ na dziedzinę ergonomii - w tym na szereg dziedzin zawodowych, takich jak wzornictwo przemysłowe.

1.4 Ergonomia: Krótkie wprowadzenie

Wilson (1990:3) stwierdza, że ergonomia polega na "projektowaniu dla ludzi". Ergonomia kładzie nacisk na ludzi jako centralny punkt projektu, tym samym odpowiadając na podejście projektowania zorientowanego na użytkownika. Do 2001 r. nie uznawała ona jednak żadnych *szczególnych ludzkich potrzeb* (Danford & Tauke, 2001). *Ergonomia, projektowanie zorientowane na użytkownika* i *projektowanie sprzyjające włączeniu społecznemu* są tymi samymi pojęciami (David, 2001). Według Wells et al. (2003:5), nie ma argumentów przeciwko "ergonomii jako projektowi zorientowanemu na człowieka". Bażant (1998:23) zbadał zasadę "ograniczającego użytkownika", znajdując 65% pochylenie w kierunku osobników "pozaustrojowych", przy czym czynnik ograniczający koncentruje się wyłącznie na *zasięgu* i *prześwicie* (w odniesieniu do cech *antropometrycznych*).

Antropometria, dziedzina ergonomii, obejmuje wszystkie pomiary ludzkiego ciała, takie jak wielkość i siła (Bażant, 1996:7). Próba udoskonalenia podejścia *antropometrycznego* w postaci wytycznych do projektowania ergonomicznego dla specjalnych populacji została opracowana przez Kroemera i in. (2001): *Wyjątkowa Ergonomia,* praca poświęcona ergonomii "*Małych i Wielkich Osób, Osób*

Niepełnosprawnych i Starszych, Spodziewanych Matek i Dzieci" (Kroemer, 2006:1). Nacisk w tej pracy kładzie się na to, że "wspólna populacja użytkowników jest grupą osób o różnych cechach i zróżnicowanych możliwościach". Tabela 1.1 (Kroemer, 2006:77) zawiera podsumowanie zróżnicowanych różnic ergonomicznych populacji stwierdzonych w jego badaniach.

TABELA 1.1: DODATKOWE ZWYKŁE TENDENCJE I ZMIANY W FUNKCJONOWANIU

(Kroemer, 2006:77)

	Energetyczny Możliwości (metabolizm, cyrkulacja, oddychanie)	**Biomechani-cal Możliwości (siła, moc, ruchliwość, wytrwałość)**	**Doznania, Postrzeganie, Podejmowanie decyzji, Kontrolowanie Działania**	**Zdolności do Wytrzymać i Funkcja w Cieple i Zimno**	**Tolerancja na stres**
PREGNANCJA	*zmniejszony, zmniejsza się dalej z biegiem Ciąża*	*zmniejszony, zmniejsza się jeszcze bardziej z biegiem Ciąża*	*nie zmieniać się, z wyjątkiem w smaku i zapachu*	*zmniejszony, zmniejsza się dalej z biegiem Ciąża*	*zmniejszony, zmniejsza się jeszcze bardziej z biegiem Ciąża*
CHILDHOOD	*znacznie niższy ale wzrasta*	*znacznie mniejsze, ale zwiększa*	*Nie systematycznie znany*	*znacznie mniejsze, ale*	*nieregularnie znany*

		jące się		zwięks zające się	
AGEING	zmniejsz ony, zmniejsz a się dalej ze starzenie m się	zmniejsz ony, zmniejsz a się jeszcze bardziej ze starzenie m się	zmniejsz ony, zmniejsz a się jeszcze bardziej ze starzenie m się	zmniej szony, zmniej sza się dalej ze starze niem się	zależy od indywidu alny i Okoliczn ości
Z PERMA NENT DYSTRY BUCJA	*brak możliwości ogólnych stwierdzeń, zależy od osoby*				

"Wyjątkowa" ergonomia skupia się na grupach, które znajdują się w niekorzystnej sytuacji, gdy dane dotyczące "średniego" lub "50. percentyla" osobnika są wykorzystywane jako odniesienie do reprezentowania populacji użytkowników. Te "nadzwyczajne" grupy "różniące się od przeciętnego modelu dorosłego [obejmują]: kobiety w ciąży, dzieci oraz osoby starsze i niepełnosprawne" (Kroemer, 2006:4).

Badane dziedziny projektowania mają na celu poprawę jakości życia ludzi poprzez zajęcie się projektowaniem produktów i systemów, które są w codziennym użyciu. W kontekście Republiki Południowej Afryki jednym z takich systemów, który może skorzystać z interwencji projektowej, jest system transportu publicznego.

1.5 Design Challenges for public transport in South Africa

W kontekście RPA osoby niepełnosprawne zmagają się z zadaniami IADL - w szczególności z wyzwaniami związanymi ze środkami transportu, określonymi przez Lawton i Brody (1996). Zadania IADL i niezdolność do ich wykonywania mają bezpośredni wpływ na zdolność człowieka do samodzielnego życia (Weston), 2009). Według Driving Ambitions, szkoły jazdy dla kierowców niepełnosprawnych, założonej w 2012 r., "transport publiczny nie został odpowiednio zintegrowany i zaktualizowany, aby dostosować go do potrzeb osób niepełnosprawnych. Dlatego też należy zbadać transport osobisty i technologie wspomagające stosowane do przystosowania tych pojazdów" (Driving Ambitions, 2012).

Zintegrowany system szybkiego tranzytu (IRT) jest obecnie odpowiedzią na potrzeby osób niepełnosprawnych w zakresie transportu publicznego. Wyzwanie polega jednak na tym, że system ten jest nadal rozwijany w niektórych rejonach Kapsztadu (miasto Kapsztad), 2016). Szybki Autobusowy Tranzyt (BRT), który jest częścią systemu IRT, został założony w Khayelitsha, Mitchells Plain, City and Atlantic Suburbs, Montague Gardens and Century City, West Coast Suburbs and Atlantis area (City of Cape Town, 2016). Chociaż system transportu publicznego w Kapsztadzie został zintegrowany, nie dociera on jeszcze do wszystkich obszarów, zarówno wiejskich jak i miejskich, aby zaspokoić potrzeby osób niepełnosprawnych. Dlatego też transport osobisty i technologie wspomagające wykorzystywane do przystosowania tych pojazdów muszą zostać zbadane jako jedna z głównych metod transportu dla osób niepełnosprawnych (Driving Ambitions, 2012). Aby w pełni zrozumieć braki w transporcie osobistym, przydatne byłoby dogłębne zbadanie statystyk dotyczących niepełnosprawności w RPA.

W 2003 r. Organizacja Narodów Zjednoczonych oszacowała, że 10-12% ludności świata było niepełnosprawne. Statystyki Południowoafrykańskiego Spisu Powszechnego w 2001 r. wskazują na znacznie niższy poziom 5 % w przypadku Republiki Południowej Afryki (Stats SA, 2005a:1). Odsetek ten może nie być dokładnym odwzorowaniem ze względu na niedostatek sprawozdawczości wynikający z napiętnowania społecznego związanego z niepełnosprawnością lub nieodpowiednich metod pozyskiwania danych (ODP, 1997; Instytut Polityki Zdrowotnej Dziecka, 2001; WHO, 2002). W porównaniu ze Stats SA, Zintegrowana Krajowa Strategia na rzecz Osób Niepełnosprawnych opublikowała bardziej realistyczny odsetek ludności niepełnosprawnej wynoszący 5-12% dla Republiki Południowej Afryki (ODP, 1997).

Zgodnie ze spisem powszechnym w RPA, percentyl populacji, która żyje z niepełnosprawnością, mieści się w zakresie od poznawczego do fizycznego, od łagodnego do poważnego. Z udokumentowanych 5%, grupa wiekowa 20 lat i więcej tworzy 3,5%. Większość osób w wymienionej grupie cierpiała na niepełnosprawność wzrokową lub fizyczną (Pali Lehohla, 2005:13). Zauważono, że w instytucjach szkolnictwa wyższego 3% osób ma jakiś rodzaj niepełnosprawności (Pali Lehohla, 2005:13-15).

Uwzględnienie w badaniach ponad 200 000 osób niepełnosprawnych fizycznie mogłoby być zniechęcającym zadaniem, ponieważ każda niepełnosprawność ma jakąś formę wyjątkowości. W związku z tym, w ramach tego projektu, jedna osoba wzięła udział w badaniach uczestniczących: Nicky Abdinor. Abdinor ma szeroki zakres niepełnosprawności fizycznej, która ma bezpośredni wpływ na jej zdolność do prowadzenia pojazdów. Mimo że Abdinor był głównym współpracownikiem naukowym, projekt skupiał się na ogólnie rzecz biorąc, różnie uzdolnionych kierowcach. W przeszłości Abdinor miała problemy z uzyskaniem prawa jazdy z powodu swojej niepełnosprawności, dlatego też jej pochodzenie i doświadczenia miały istotne znaczenie dla projektu badawczego.

Abdinor urodził się z PFFD i Phocomelia[1]. Mimo to, niezależnie od swojej niepełnosprawności, ma własną praktykę jako fizjolog kliniczny. Transport osobisty odgrywa ważną rolę w jej studiach i rozwoju kariery, ponieważ musi podróżować między pacjentami a szpitalem (Abdinor, 2012). W 2001 r. uzyskała prawo jazdy w wydziale ruchu drogowego w Stellenbosch. Stanowiło to wyzwanie, ponieważ Abdinor musiała przejść przez różne szkoły szkoleniowe, zanim znalazła taką, która była gotowa pomóc jej w ukończeniu kursu dla uczących się. Nie znaleziono szkoły szkoleniowej, która posiadałaby symulator lub przystosowany pojazd, który mógłby być używany do nauki jazdy Nicky'ego. Musiała więc kupić pojazd, aby nauczyć się prowadzić. Ze względu na wyjątkową kombinację niepełnosprawności, o której mowa, Abdinor może być postrzegany jako "użytkownik ograniczający". Bażant wprowadza zasadę "użytkownika ograniczającego". Użytkownik ograniczający" to członek populacji użytkowników, który ze względu na swoje cechy fizyczne nakłada najpoważniejsze ograniczenia na projekt produktu

[1] PFFD: Rzadka, niedziedziczna wada wrodzona, która dotyczy miednicy, w szczególności kości biodrowej i kości udowej proksymalnej. Zaburzenie może dotyczyć jednej lub obu stron, przy czym biodro jest zdeformowane, a noga skrócona (Nicky's Drive, 2010) Fokomelia: Wrodzony brak proksymalnej części kończyny lub kończyn, części dystalne połączone z tułowiem przez małą, nieregularnie ukształtowaną kość (Farlex, 2012a)

(Pheasant & Haslegrave, 2006: 27). W rozdziale 2 omówiono użytkownika ograniczającego na większej długości.

1.6 Symulatory jako środek: Opracowanie technologii wspomagających dla kierowców o różnym stopniu sprawności.

Pozostaje pytanie postawione przez kierowców o różnym stopniu zaawansowania w zakresie szkolenia kierowców na symulatorach: Czy symulatory mogą być wykorzystywane do szkolenia kierowców? Uniwersytet w Alabamie rzucił nieco światła na tę kwestię, chociaż ich testy zostały przeprowadzone na zdolnych kierowcach.[2] *Szybkość przetwarzania* podczas jazdy została oceniona przez University of Alabama w Birmingham. Stwierdzono, że w okresie 18 miesięcy szkolenia na symulatorze, z wykorzystaniem różnych zadań, nastąpił znaczny wzrost zdolności prowadzenia pojazdów. Szkolenie to pozwoliło na wykonywanie mniej niebezpiecznych manewrów podczas jazdy. W ciągu 18 miesięcy przetestowano 456 kierowców (Roenker i in. , 2003:218).

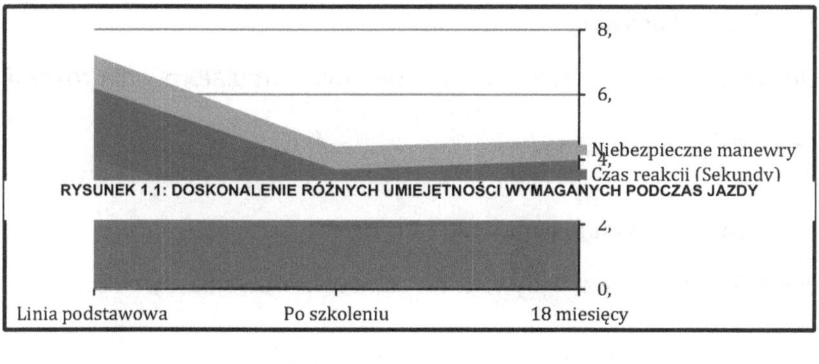

RYSUNEK 1.1: DOSKONALENIE RÓŻNYCH UMIEJĘTNOŚCI WYMAGANYCH PODCZAS JAZDY

[2] Szybkość przetwarzania - czas potrzebny do przetworzenia informacji.

(Opracowany przez autora, 2014, na podstawie ustaleń Roenkera i in., 2003:218)

Rysunek 1.1 ilustruje trzy przeprowadzone testy. Przed rozpoczęciem szkolenia uzyskano wartości w niebezpiecznych manewrach podczas jazdy, a także czas reakcji i użyteczne pole widzenia. Stwierdzono, że po szkoleniu na symulatorze nastąpiła poprawa średnio od 40 do 50 %; poprawę zaobserwowano jeszcze 18 miesięcy po szkoleniu na symulatorze (Roenker i in., 2003:218). Stwierdzenie to sugeruje, że symulatory mogą być wykorzystywane w pewnych środowiskach szkolenia kierowców ze względnym powodzeniem. Co więcej, w wypadku samochodowym prawdopodobieństwo wystąpienia śmiertelnego urazu jest realne. W wielu innych branżach symulatory zostały przystosowane do treningu, rehabilitacji i testowania pewnych zdolności lub umiejętności. Według Davida Weira (2010), symulatory stanowią dobrą platformę do oceny kierowców. Opiera się to na oświadczeniu Weir, że zaproponowałem moje pytanie badawcze.

1.7 Temat badawczy

Universal Design in Automobiles: badanie symulatorów dla różnie uzdolnionych kierowców.

1.7.1 Główne pytanie badawcze

Jak czynniki ludzkie wpływają na rozwój sterowania symulatorami dla kierowców o różnym stopniu sprawności?

Pod-Question 1:
Które produkty i czynniki motoryzacyjne mają wpływ na adaptację sterowników wspomagających?

Pod-Question 2:
Jakie czynniki kontekstowe wpływają na przyjęcie systemu kontroli wspomagającej?

Pod-Question 3:
W jaki sposób można opracować symulator z naciskiem na kryteria projektowania uniwersalnego?

1.8 Projektowanie badawcze

Thomas (2011) stwierdza, że studium przypadku jest podejściem naukowym, które koncentruje się na jednym przypadku danego zjawiska. Badania przypadków mają na celu skupienie się na szczegółach badania i dążenie do zbadania wybranego tematu jako całości pod wieloma kątami. Stawka (2005:433) określa ją w następujący sposób: "Studium przypadku nie jest wyborem metodologicznym, lecz wyborem tego, co ma być badane". W centrum uwagi studium przypadku może znajdować się osoba, grupa, instytucja, kraj lub wydarzenie - teoretycznie każdy aspekt, który badacz chce zbadać (Thomas, 2011). Studium przypadku składa się z dwóch części (zob. rys. 2). Po pierwsze, istnieje temat, a po drugie, ramy analityczne, w których prowadzone są badania (Wieviorka, 1992:159). Studium przypadku przedstawione w niniejszej pracy doktorskiej dotyczyło kierowcy o unikalnym profilu niepełnosprawności w konkretnym kontekście związanym z konkretnym pojazdem.

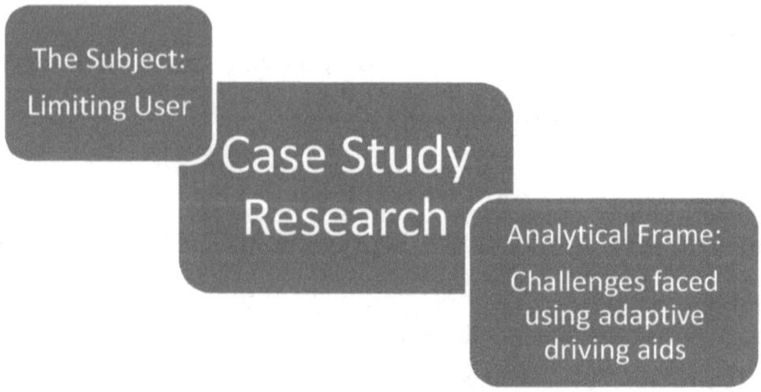

RYSUNEK 1.2: DWIE CZĘŚCI BADANIA PRZYPADKU

(Opracowany przez autora według ustaleń Wieviorka, 1992:159)

Badanie przypadku składa się z trzech etapów: zrozumienia celu, wyboru podejścia i wreszcie procesu wymaganego do badania przypadku; w istocie tego, co, dlaczego i w jaki sposób jest przedmiotem badania. Te trzy kroki stworzyły ramy strukturalne dla tej rozprawy. Ze względu na charakter prowadzenia badania przypadku na jednej osobie (użytkowniku ograniczającym), trzy wymienione kroki zostały przeprowadzone w więcej niż jednym cyklu, dzięki czemu w trakcie procesu badawczego uzyskano większą koncentrację i głębsze zrozumienie. To studium przypadku zostało szerzej omówione w rozdziale 3. Model wizualny został skonstruowany jako klucz do mapy (patrz Rysunek 3). Po zrozumieniu projektu badawczego nadano priorytet podejściu badawczemu.

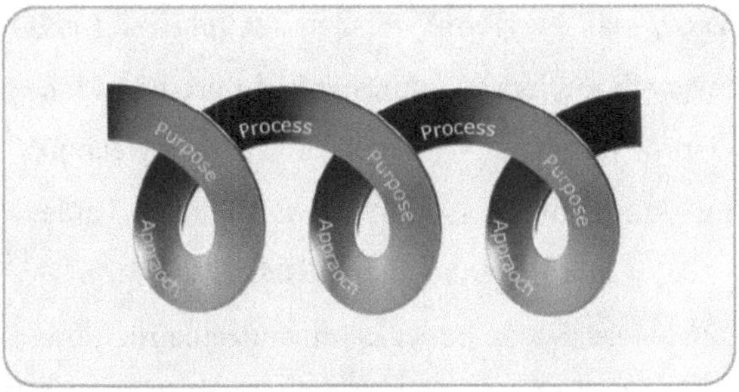

RYSUNEK 1.3: KLUCZ DO MAPY DESERÓW

(Opracowany przez autora według ustaleń Thomasa, 2011)

1.9 Podejście badawcze

W przypadku prowadzenia badań z ograniczonym użytkownikiem jako uczestnikiem, właściwe ramy umysłu są kluczowe dla powodzenia wyniku badania. Meta-projektowanie i projektowanie partycypacyjne stanowiły ważny element podejścia badawczego. Meta-design ma na uwadze to, że jako profesjonaliści z różnych sektorów mamy różne umiejętności i zdolności, a także talenty (Fischer, 2003:2). Na przykład inżynier mechanik posiada umiejętności, które można zdobyć tylko w swojej dziedzinie; to samo można powiedzieć między innymi o megatronice, projektantach produktów i informatykach. Jeśli produkt miałby odnieść sukces, różni specjaliści musieliby połączyć swoje obszary specjalizacji i zapoczątkować partycypacyjny proces projektowania (Fischer, 2003:2). Myślenie i podejście oparte na projektowaniu partycypacyjnym (PD) ma na celu zaangażowanie użytkowników w proces projektowania, przy czym preferowanym rezultatem jest wzmocnienie pozycji użytkowników jako współprojektantów (Schuler & Namioka, 1993). PD wspiera różne sposoby planowania, myślenia i działania, które odpowiadają na ludzkie potrzeby.

Projektowanie uczestniczące, jak wyjaśnił Fisher, skupia się na działaniach i procesach mających miejsce w odniesieniu do produktu lub systemu w czasie badań i projektowania. Niewiele uwagi poświęcono więc żywym jednostkom, które brały udział w badaniach. Takie podejście stawia użytkowników w roli reakcyjnej (Fischer, 2003:2). Z drugiej strony, Teoh (2013) stwierdziła, że podczas prowadzenia rozmów z interesariuszem, podejście badawcze skoncentrowane na użytkowniku podyktowane było tym, że interesariusz powinien czuć się komfortowo i swobodnie w środowisku, na ile to możliwe. Proces zbierania informacji był dyskretny. Skupiono się zarówno na doświadczeniu użytkownika, jak i na zadaniu uzyskania informacji. W procesie tym wykorzystano cztery podstawowe kroki.

Zgodnie z ISO 13407 (Teoh, 2013) tymi czterema podstawowymi działaniami są:

- Gromadzenie wymagań - rozumienie kontekstu użytkowania
- Specyfikacja wymagań - Określanie wymagań użytkownika
- Projektowanie - Wykonywanie projektów i prototypów
- Ocena - informacje zwrotne od użytkowników są analizowane w celu poprawy projektu

Projekt partycypacyjny stanowi uzupełnienie badań nad studiami przypadków w tym sensie, że użytkownik lub użytkownik ograniczający jest zaangażowany w podejście badawcze.

1.10 Podsumowanie

W tym rozdziale spekuluje się, że symulatory mogą być wykorzystywane jako platforma szkoleniowa dla kierowców. Z ustaleń w odniesieniu do symulatorów wynika pytanie badawcze: Jak czynniki wpływają na rozwój sterowania symulatorami dla kierowców o różnym stopniu sprawności? Główne pytanie badawcze doprowadziło do powstania trzech pytań cząstkowych dotyczących czynników produktowych i samochodowych wpływających na sterowanie adaptacyjne za pomocą układów sterowania przewodem. Należy wziąć pod uwagę czynniki kontekstowe, a także sposób, w jaki można stworzyć symulator, skupiając się na kryterium projektu uniwersalnego. Napotkano na wyzwania projektowe, a jako partnera w badaniach nad wyzwaniami wybrano ograniczającego użytkownika, reprezentującego społeczność osób niepełnosprawnych. Ramy studium przypadku stanowiły podstawę do opracowania projektu badawczego. Projekt badawczy składał się z trzech etapów, które były powtarzane w więcej niż jednym cyklu w celu uzyskania koncentracji i dogłębnego zrozumienia zagadnienia badawczego. Meta-projektowanie i PD służyły jako podejście projektowe. Proces badawczy i wyniki badań są udokumentowane w kolejnych rozdziałach:

- ***Rozdział drugi: Przegląd literatury***

Rozdział drugi ma na celu omówienie ustaleń literatury dotyczącej celu i podejścia tego badania. Omawiane czynniki to rozumienie terminu "bycie bezpiecznym kierowcą", a następnie badania nad niepełnosprawnością ruchową, jej wpływem na prowadzenie pojazdu, a także nad tym, na które obszary ciała mają wpływ. Tematami związanymi z podejściem badawczym są studia przypadku, PD i meta-projektowanie w innych dyscyplinach związanych z projektowaniem.

- ***Rozdział trzeci: Metodologia***

W rozdziale trzecim omówiono studium przypadku jako metodologię mającą na celu wyjaśnienie praktycznego podejścia i procesu charakterystycznego dla tej tezy. Omówione zostaną również zasady PD i metaprojektu uzupełniające podejście i procesy badawcze. Metody stosowane w badaniach przypadków zostaną również określone ilościowo w niniejszym rozdziale.

- ***Rozdział czwarty: Projekt***

W rozdziale czwartym omówione zostaną wyzwania projektowe, praktyczne podejście i proces w dziedzinie specyficznej dla wybranego do tej pracy studium przypadku. Prototypy projektowe i interwencje będą testowane i oceniane wraz z danymi wejściowymi od użytkownika ograniczającego.

- ***Rozdział piąty: Ustalenia***

W rozdziale piątym omówione zostaną wyzwania związane z projektowaniem, podejście i proces, w celu przedstawienia argumentów na rzecz wyników studium przypadku.

- ***Rozdział szósty: Wnioski i zalecenia.***

W rozdziale szóstym omówione zostanie główne pytanie badawcze oraz symulator zaprojektowany jako odpowiedź na pytanie badawcze. Przeglądane są również pomoce adaptacyjne zaprojektowane na potrzeby symulatora, a także wyzwania, którym muszą sprostać i jak każde z nich łączy się z zestawem kryteriów UD. Rozdział szósty kończy się ograniczeniami tej pracy doktorskiej i zaleceniami dotyczącymi dalszych badań.

2 ROZDZIAŁ DRUGI: PRZEGLĄD LITERATURY

2.1 Wprowadzenie

W tym rozdziale omówiono ustalenia udokumentowane i odnoszące się do celu i podejścia tego badania. Aby móc zrozumieć główny problem, zbadano kluczowe obszary zainteresowania:

- zrozumienie osobistych aspektów transportu wymaganych do samodzielnego życia.
- przegląd statystyk dotyczących osób niepełnosprawnych w Republice Południowej Afryki oraz liczby osób, które zostałyby dotknięte skutkami tego badania.
- dyskusja na temat różnych modeli niepełnosprawności,
- jak kategoryzuje się niepełnosprawność,
- analizę najbardziej skrajnych przypadków niepełnosprawności,
- w jaki sposób projektowanie uczestniczące pozwala projektantowi na projektowanie we współpracy z użytkownikiem o różnym stopniu zaawansowania.

Po zbadaniu projektu uczestniczącego, pewne elementy projektu, takie jak ergonomia i zrozumienie użytkownika ograniczającego, odgrywają istotną rolę w ułatwianiu projektowania uczestniczącego z użytkownikiem ograniczającym. Abdinor, inaczej uzdolniony kierowca, reprezentuje użytkownika ograniczającego w tym badaniu ze względu na swój unikalny zestaw niepełnosprawności. Jej wyzwania związane z prowadzeniem pojazdu, a także z bezpieczeństwem ruchu drogowego, prowadzą do oceny tego, co w różnych kontekstach uważane jest za bezpiecznego kierowcę. Aby lepiej zrozumieć bezpieczną jazdę, należy przyjrzeć się temu, co wpływa na osobę prowadzącą pojazd, jak również temu, co wpływa na ograniczającego użytkownika lub inaczej upośledzonego kierowcę podczas jazdy. Dostępne informacje/badania na temat odpowiednich technologii zostały wykorzystane w celu sprostania obecnym wyzwaniom poprzez ograniczenie użytkowników i sposobów ich wspierania. Niniejszy rozdział kończy się sformułowaniem głównego wyzwania projektowego w niniejszym opracowaniu.

2.2 Działalność związana z codziennym życiem (ADL)

Aktywność życia codziennego (ADL) polega na opiece nad ciałem lub jego poruszaniu. Zajęcia takie jak spacer, kąpiel, ubieranie się, toaleta, mycie zębów i jedzenie stanowią część ADL. Instrumentalna działalność życia codziennego (IADL), z drugiej strony, to działalność, którą ludzie wykonują po tym, jak sami o siebie zadbali (Weston), 2009). Zadania te pozwalają ludziom na samodzielne życie. Wiele osób może jednak nadal doświadczyć samodzielnego życia, wymagając pomocy w jednym z następujących zadań: gotowanie, prowadzenie samochodu, korzystanie z telefonu lub komputera, zakupy, śledzenie finansów i zarządzanie lekami (Weston 2009). Lawton i Brody klasyfikują zadanie IADL polegające na prowadzeniu pojazdu jako środka transportu. Środek transportu obejmuje samodzielne podróżowanie środkami transportu publicznego lub środkami transportu osobistego, organizowanie podróży taksówką, podróżowanie środkami transportu publicznego w towarzystwie innej osoby, jak również podróżowanie taksówką z pomocą innej osoby (Lawton & Brody 1996).

W kontekście RPA, ludzie w różnym stopniu upośledzeni zmagają się z zadaniami IADL, w szczególności z wyzwaniami związanymi ze środkami transportu określonymi przez Lawton i Brody (1996). Zadania IADL i niezdolność do ich wykonywania mają bezpośredni wpływ na środki do samodzielnego życia (Weston), 2009). Driving Ambitions, założona w 2012 r. szkoła nauki jazdy dla kierowców o różnym stopniu sprawności, która "nie została odpowiednio zintegrowana i zmodernizowana, aby zaspokoić potrzeby osób o różnym stopniu sprawności, w związku z czym należy zbadać transport osobisty i technologie pomocnicze wykorzystywane do przystosowania tych pojazdów" (Driving Ambitions 2012).

Zintegrowany System Szybkiego Tranzytu (IRT) jest obecnie odpowiedzią na potrzeby transportu publicznego osób niepełnosprawnych, jednak wyzwanie polega na tym, że system ten jest nadal rozwijany w niektórych obszarach Kapsztadu (miasto Kapsztad 2016). Szybki Autobusowy Tranzyt (BRT), który stanowi część systemu IRT, powstał w Khayelitsha, na równinie Mitchells, na przedmieściach miasta i Atlantyku, w ogrodach Montague i Century City, na przedmieściach zachodniego wybrzeża i w obszarze Atlantis (miasto Kapsztad 2016). Chociaż system transportu publicznego w Kapsztadzie został zintegrowany, nie dociera on jeszcze do wszystkich obszarów wiejskich i miejskich, aby zaspokoić potrzeby osób niepełnosprawnych. Aby w pełni zrozumieć braki w transporcie osobistym, badanie statystyk dotyczących niepełnosprawności w Republice Południowej Afryki mogłoby rzucić nieco światła.

2.3 Populacja SA inaczej niepełnosprawna - Statystyka

W związku z tym, że przeprowadzono badania na temat danych charakterystycznych dla statystyk dotyczących kierowców o różnym stopniu sprawności, odnotowano, że nie znaleziono żadnych danych, znaleziono dane dotyczące ogólnie osób o różnym stopniu sprawności, co wynika z danych ze spisu powszechnego dla RPA do 2011 r.

W 2003 r. Organizacja Narodów Zjednoczonych szacuje, że 10-12% ludności świata zostało w różnym stopniu zwiększone. The South African Censes statistics for 2001 depicts a much lower 5% for South Africa (Stats SA, 2005a:1). Odsetek ten może nie być dokładnym odwzorowaniem ze względu na niedostateczną sprawozdawczość ze względu na stygmatyzację społeczną związaną z niepełnosprawnością lub nieodpowiednie metody zbierania danych (ODP, 1997; Instytut Polityki Zdrowotnej Dziecka, 2001; WHO, 2002). W porównaniu ze Stats SA zintegrowana krajowa strategia w sprawie niepełnosprawności opublikowała bardziej realistyczny 5-12% zróżnicowany procent ludności w Republice Południowej Afryki (ODP, 1997).

Zgodnie ze spisem powszechnym w Republice Południowej Afryki, percentyl populacji, która żyje z niepełnosprawnością, robi to w zakresie, ale nie ograniczając się do, poznawczego do fizycznego i łagodnego do poważnego. Z udokumentowanych 5%, grupa wiekowa 20 lat i więcej tworzy 3,5%. Większość z wymienionych grup cierpiała na niepełnosprawność wzrokową lub fizyczną (Pali Lehohla, 2005:13). Zauważono, że w szkołach wyższych 3% osób ma pewien rodzaj niepełnosprawności (Pali Lehohla, 2005: 13-15).

Profil spisu powszechnego osób niepełnosprawnych w Republice Południowej Afryki z 2011 roku został przeprowadzony z wykorzystaniem 6 dziedzin funkcjonalnych, a mianowicie widzenie, słuch, komunikacja, pamiętanie, chodzenie i samoopieka (Lehohla 2011). Z tych sześciu profili, samoopieka odpowiada liście ADL i IADL. W spisie powszechnym z 2011 roku 7,5 % ludności RPA zostało odmiennie zwiększone, ten percentyl wynosi 2, 870 130 mln osób.

Analiza sześciu profili wykazała, że 2% społeczności o różnym stopniu zaawansowania ma trudności z samoopieką, co stanowi 837 363 z lekkimi trudnościami i 588 869 z poważnymi trudnościami w wykonywaniu codziennych czynności życiowych. Należy również zauważyć, że 2,5% osób, które zgłosiły trudności z poruszaniem się pieszo (Lehohla 2011), to 1 426 232 mln osób, a zatem transport publiczny lub osobisty musi przystosować się do różnego rodzaju wyzwań związanych z zadaniami ADL i IADL. Poglądy na temat niepełnosprawności i sposób jej kategoryzacji są wyraźniej określone przez różne modele niepełnosprawności.

2.4 Modele niepełnosprawności

Obecnie istnieją trzy modele niepełnosprawności. Te trzy modele niepełnosprawności zostały porównane w tabeli 2.1 (M'Rithaa, 2010). Medyczny model niepełnosprawności kładzie nadmierny nacisk na medyczną lub kliniczną diagnozę jednostki. Prowadzi to do zniekształconego postrzegania osoby w pozycji społecznej (Anon., 1993). Aby lepiej zrozumieć niepełnosprawność jako doświadczenie, musimy zobaczyć po faktach medycznych diagnozy; są one jednak niezbędne do określenia leków. Niemniej jednak, wyzwaniem nie jest wykorzystanie faktów medycznych do określenia stylu życia, który dana osoba powinna prowadzić. Musimy zacząć budować obraz tego, jak to jest żyć w świecie zaprojektowanym i stworzonym przez i dla osób niepełnosprawnych. Traktując doświadczenia i opinie osób niepełnosprawnych jako ważne i ważne, osiągamy ten cel (Anon., 1993).

Według Olivera (1990) społeczny model niepełnosprawności różni się od modelu medycznego tym, że społeczność osób niepełnosprawnych nie zaprzecza wyzwaniom związanym z niepełnosprawnością, ale umieszcza ją w społeczeństwie. "Przyczyną problemu nie są ograniczenia indywidualne, niezależnie od ich rodzaju, ale brak odpowiednich usług i odpowiedniego zabezpieczenia potrzeb osób niepełnosprawnych w organizacji społecznej" (Oliver, 1990).

Model bio-socjalny ma podejście holistyczne, uwzględniające zarówno jednostkę, jak i czynniki społeczne i środowiskowe, w których osoba niepełnosprawna będzie funkcjonować i żyć (M'Rithaa, 2009).

(M'Rithaa, 2009).

TABELA 2.1: KONTRASTOWANIE MEDYCZNYCH, SPOŁECZNYCH I BIO-SOCJALNYCH MODELI NIEPEŁNOSPRAWNOŚCI

Model medyczny	Model społeczny	Model bio-socjalny
osobista teoria tragedii osobisty problem leczenie indywidualne medicalisation dominacja zawodowa Wiedza fachowa Dostosowanie indywidualna tożsamość Uprzedzenie Postawy	teoria opresji społecznej problem społeczny akcja społeczna samopomoc odpowiedzialność indywidualna/zbiorowa Doświadczenie Potwierdzenie d yskryminacja w zakresie tożsamości zbiorowej Zachowanie prawa	teoria bio-socjalna problemy osobiste/społeczn e działania indywidualne/społ eczne medyczny/samod zielna pomoc obowiązki zbiorowe doświadczenia ekspertów/lay

opieka Kontrola Polityka adaptacja indywidualna	Wybór Polityka Społeczny Zmiana	tożsamość indywidualna/zbiorowa uprzedzenie/dyskryminacja opieka połączona z prawami kontrola połączona z wyborem zmiany polityczne i polityczne dostosowanie indywidualne i społeczne

Zrozumienie holistycznego modelu niepełnosprawności biologicznej jest ważne, aby móc sformułować podejście badawcze. Biorąc pod uwagę zarówno stan zdrowia osoby niepełnosprawnej w różnym stopniu, jak i brak możliwości dostosowania się w społeczeństwie do jej potrzeb, należy stworzyć ramy, w których można by sprostać każdemu wyzwaniu projektowemu. Punktem wyjścia może być ergonomia dla różnych osób. Jednym z głównych powodów, dla których warto zastanowić się nad bio-społecznym modelem medycznym jest to, że osoba niepełnosprawna ma prawo do samodzielnego życia. Według USAID, osoby niepełnosprawne w Europie i Azji Środkowej borykają się z ograniczeniami w przemieszczaniu się, mają mniej możliwości uczestniczenia w życiu obywatelskim lub prowadzenia pełnego, niezależnego życia (Shehu, 2011).

2.5 Podejście badawcze: Projekt z udziałem użytkownika - Projekt uczestniczący (PD)

Część projektowania z myślą o niepełnosprawności polega na zrozumieniu odmiennego użytkownika. Projektowanie partycypacyjne ma kluczowe znaczenie dla tego procesu. Demirbileka i Demirkan (2004) zastosowały partycypacyjny model projektowania w badaniu uniwersalnego projektowania produktów z udziałem starszych użytkowników. Sesje projektowania partycypacyjnego były tworzone za pomocą burzy mózgów, budowania scenariuszy, wywiadów nieustrukturyzowanych, szkiców i nagrań wideo. Podstawą podejścia PD w ich badaniach było wykazanie tego w literaturze przedmiotu: "dom, który jest nieadekwatny do potrzeb mieszkających w nim ludzi, nigdy nie staje się domem" (Demirbilek & Demirkan. , 2004:361)Projekty uwzględniające dane zebrane zarówno z cech psychospołecznych jak i fizycznych ludzi mają pozytywny wpływ na jakość życia i promują niezależność oraz użyteczność (Demirbilek & Demirkan, 1998). Pogląd ten kojarzy się ze wspomnianym wcześniej przez M'Rithaa (2009) bio-socjalnym modelem medycznym. Podczas pierwszej sesji PD zorganizowanej przez Demirbilek i Demirkan (2004) uczestnicy zasiedli wokół stołu, na którym leżała pusta kartka papieru dla każdej osoby. Uczestnicy mieli naszkicować swój pomysł na idealną klamkę do drzwi. Rozumowanie było takie, że uczestnicy musieli uważać się za równorzędnych partnerów w procesie projektowania. Ze względu na takie podejście nie oczekiwano doskonałych rysunków, lecz raczej wskazania, czy uczestnicy mogą się komunikować lub wyrażać swoje pomysły. Ponieważ było to ćwiczenie z osobami starszymi stosującymi to samo podejście z osobami niepełnosprawnymi, może być korzystne, ale nieco inne w tym sensie, że projektowanie dla osób niepełnosprawnych jest inne z punktu widzenia ergonomii.

Według Kroemera (2006), ergonomia dla osób niepełnosprawnych jest bardzo różna ze względu na unikalny zestaw wyzwań, przed którymi może stanąć każda osoba. Jeśli projektant chce zaprojektować produkt oparty na UD dla społeczności osób niepełnosprawnych, jest zmuszony do rozważenia podejścia *ograniczającego użytkownika*[3], jak zauważyli Preiser i Ostroff (2001). Badania przypadków zostały wykorzystane w innych obszarach badań, takich jak badania kliniczne, chociaż pojawiły się pewne obawy. Yin (2012) stwierdza, że studium przypadku może być wykorzystane do dogłębnego zrozumienia pojedynczego lub małego przypadku osadzonego w realnym kontekście. Shehu (2011) przeprowadziła różne studia przypadków w swoich badaniach nad strategiami projektowania uniwersalnego w krajach rozwijających się. Przeprowadzono dwa studia przypadków w dwóch różnych miejscach. Celem tych badań było omówienie, w jaki sposób należy ulepszyć dwie różne przestrzenie budowlane, aby dostosować je do standardów projektowania uniwersalnego dla osób o różnym stopniu sprawności (Shehu, 2011).

Yin (2011) wymienia różne źródła lub podejścia w celu uzyskania dowodów lub danych w studium przypadku. Te są:

- bezpośrednie obserwacje; na przykład, obserwacja ludzkich działań lub ruchów fizycznych,
- wywiady, które mogłyby być rozmowami otwartymi z kluczowymi uczestnikami,

---

[3] Patrz *Ergonomia dla inaczej uzdolnionych*, str. 6.

- Archiwalne akta,

- dokumenty w postaci artykułów prasowych, listów i e-maili,
- Obserwacja uczestnicząca (ang. Participant Observation - PO), w której jest się identyfikowanym jako badacz, ale również pełni się rolę w realnym kontekście życia. Podejście to dobrze wpisuje się w PD, ponieważ badacz lub projektant tworzy bezpieczne środowisko, w którym użytkownik ograniczający może być częścią procesu projektowania poprzez używanie produktu podczas obserwacji (Fischer, 2003).

- Fizyczne artefakty w postaci pracy pracownika (Yin, 2011).

Według Yin (1993), dokonywanie bezpośrednich obserwacji w warunkach polowych wiąże się z ludzkim działaniem, rzeczywistymi zdarzeniami i środowiskiem fizycznym. Obserwacje bezpośrednie są jedną z najbardziej charakterystycznych cech wykonywania studium przypadku. Myerson zastosowała podobne podejście w swoim studium przypadku dotyczącym włączania projektowania integracyjnego w proces projektowania. We wspólnej współpracy Wydziału Projektowania Uniwersytetu Kyushu i Centrum Badawczego Helen Hamlyn zastosowano trzy metody zbierania danych: wywiady, obserwacje i warsztaty (Centrum Badawcze Helen Hamlyn, 2005). Rosen-Shoham i Lifshitz (2005) z Centrum Badań nad Bezpieczeństwem Pracy, Inżynierią i Projektowaniem Przemysłowym ustalili, że praca z narzędziami ręcznymi znacznie zwiększa ryzyko wystąpienia skumulowanych zaburzeń mięśniowo-szkieletowych u użytkownika. Podczas projektowania narzędzia ręcznego kluczowe znaczenie miało uwzględnienie zasad ergonomii w procesie projektowania. Częścią procesu projektowania była ergonomiczna ocena ryzyka, która została osiągnięta poprzez obserwację i analizę (Helen Hamlyn Research Centre, 2005). Informacje zwrotne od wiodących użytkowników w celu stworzenia prototypów stanowiły podstawę do oceny i ponownego testowania prototypów (Helen Hamlyn Research Centre), 2005). Myerson zastosował multidyscyplinarne podejście, które przypomina podejście Fishera (2003) do meta-projektu.

Drugą metodą pozyskiwania dowodów w studium przypadku są wywiady otwarte (Yin, 2011). Yin stwierdza jednak, że w przypadku badań przypadku badacz może być zmuszony do jednoczesnego zbierania danych i ich analizy. Powodem jest fakt, że wywiad terenowy z daną osobą może dać sprzeczne wyniki w porównaniu z danymi zebranymi w trakcie wcześniejszego wywiadu (Yin et al., 2006)...) Aby sprostać temu wyzwaniu, ankieter może przeprowadzić analizę danych na miejscu. Zauważając konflikt w gromadzonych danych, ankieter może zmienić swoje plany dotyczące gromadzenia danych poprzez przeprowadzenie wywiadu z osobą trzecią lub ponowną weryfikację pierwszego uczestnika (Yin et al, 2006).

Piąta metoda wspomniana przez Yin (2011), obserwacja uczestnicząca, pozwala badaczowi na naświetlenie konkretnego wydarzenia, na jego dogłębne lub z pierwszej ręki zrozumienie. Metoda badania przypadku pozwala na dokonywanie bezpośrednich obserwacji i zbieranie danych w warunkach naturalnych, w porównaniu z opieraniem się na danych pochodnych (Bromley, 1986). Obserwacja uczestnicząca (PO) stanowi uzupełnienie zbierania danych uzyskanych za pomocą wywiadów, ze względu na zrozumienie, że zachowania ludzi są często sprzeczne z ich własnymi przekonaniami i stwierdzeniami (Mack et al., 2005). Wadą PO, jak zauważył Mack i inni, jest to, że jest ona czasochłonna. W tradycyjnych badaniach etnograficznych, badania spędzają co najmniej rok w terenie, zbierając dane za pomocą PO. Trudno jest również udokumentować dane podczas praktykowania aktu obserwacji. Trzecią wadą PO jest to, że jest ona z natury rzeczy subiektywna. Ważne jest zatem, aby pamiętać o tym, że należy raczej zgłaszać lub opisywać to, co zostało zaobserwowane, niż interpretować obserwację (Mack i in, 2005). Mack et al. zapewniają 11 kroków, aby pomóc przy wykonywaniu PO. Kroki są następujące:

- ***Etapy obserwacji uczestników***
  - Przygotowanie do obserwacji uczestniczącej
    - Określić cel działań w zakresie obserwacji uczestników jako związany z ogólnymi celami badawczymi. Określić populację (populacje), która ma być obserwowana.
    - Weź pod uwagę dostępność populacji i miejsc, w których chciałbyś je obserwować.
    - Zbadajcie możliwe miejsca do obserwacji uczestników.
    - Wybierz stronę (strony), godzinę (godziny) dnia i datę (daty) oraz przewiduj, jak długo będziesz zbierać dane z obserwacji uczestników za każdym razem.
    - Zdecyduj, jak pracownicy terenowi będą się dzielić lub sparować, aby najefektywniej pokryć wszystkie miejsca.
    - Zastanów się, jak się zaprezentujesz, zarówno pod względem wyglądu, jak i tego, jak w razie potrzeby wyjaśnisz innym swój cel.
    - Zaplanuj jak i czy będziesz robił notatki podczas obserwacji uczestników. Pamiętaj, aby zabrać ze sobą notes polowy i długopis.

- Po obserwacji uczestników
    - o Zaplanuj czas wkrótce po obserwacji uczestników, aby rozwinąć swoje notatki.
    - o Wpisz swoje notatki do plików komputerowych, używając standardowego formatu ustawionego dla badania.

Plattner (2013) stwierdza w swoim przewodniku terenowym, że oprócz wywiadów badacz powinien prowadzić obserwacje w odpowiednim kontekście. Plattner zauważa, że jedne z najpotężniejszych realizacji pochodziły z chwilą, gdy nastąpiło rozłączenie pomiędzy tym, co użytkownik powiedział, a tym, co zrobił w danej sytuacji. Kolejną kwestią, którą należy zauważyć, jest to, że ktoś może stworzyć środowisko pracy dla wyzwania, z którym się zmierzył, i nie wspomniał o tym. W tym przypadku obserwacja może uwypuklić pracę-około (Plattner, 2013). Po wybraniu podejścia projektowego badana jest ergonomia osoby niepełnosprawnej oraz sprzęt, którego ona używa.

2.6 Ergonomia dla osób niepełnosprawnych (Ograniczenie użytkownika)

Kroemer (2006) w swojej książce "*Extra -Ordinary Ergonomics*"

zajmuje się projektowaniem dla różnych osób. *Punkt widzenia* Kroem widzenia Kroemera jest odniesienie się do tzw. "normalnego dorosłego" poglądu, jaki ma większość projektantów podczas projektowania produktów. Zwraca on uwagę, że wspólną populację użytkowników tworzą osoby o różnych zdolnościach. Ze względu na wyjątkowość jednostki, idealnym podejściem projektowym byłoby projektowanie dla każdej jednostki, jeśli koszty na to pozwolą (Kroemer, 2006:3).

Bażant wprowadza zasadę ograniczającego użytkownika. Ograniczający się użytkownik to członek populacji użytkowników, który ze względu na swoje cechy fizyczne nakłada najpoważniejsze ograniczenia na projekt produktu (Pheasant & Haslegrave, 2006:27).

RYSUNEK 2.1: OGRANICZAJĄCY PIRAMIDĘ UŻYTKOWNIKA

(Preiser & Ostroff, 2001: nieznane).

Piramida ilustruje, że projektując dla osób z największym stopniem niepełnosprawności, więcej osób jest uwzględnianych w projekcie (Preiser & Ostroff, 2001:).

Powyższa piramida pokazuje spektrum użytkowników w oddolnej metodologii projektowania uniwersalnego.

- ***Wiersz 1*** reprezentuje ludzi, którzy są "sprawni i zwinni" i nie mają problemów z bieganiem, skakaniem, skakaniem i wspinaniem się po drabinach/chodach.

- *Wiersz 2* reprezentuje użytkowników, którzy są zwykłymi "sprawnie działającymi" ludźmi; tych, którzy bez problemu korzystają z ogólnych obiektów i środowisk.
- *Wiersz 3* wprowadza reprezentację kobiet i dzieci - to tutaj "architekt zawodzi" jest odnotowywany w projektowaniu obiektów użytkowych.
- ***Wiersz 4 przedstawia osoby*** starsze, a także osoby z wózkami dziecięcymi i spacerówkami.
- *Wiersz 5* reprezentuje "osoby niepełnosprawne w karetce".
- *Wiersz 6* reprezentuje niezależne osoby na wózkach inwalidzkich.
- *Wiersz 7* reprezentuje osoby używające skuterów elektrycznych i wózków inwalidzkich, a także osoby potrzebujące asystenta lub osoby towarzyszącej.
- *Wiersz 8* wskazuje te osoby, które potrzebują dwóch asystentów.

2.7 Ograniczenie studium przypadku użytkownika - Abdinor

W przypadku tego badania Nicky Abdinor zalicza się[4] do kategorii użytkownika ograniczającego. Abdinor ma wyjątkowy zestaw niepełnosprawności: ma karłowatość połączoną z PFFD[5] i Phocomelia. Aby umożliwić Abdinor jazdę, w jej samochodzie wykorzystano listę specjalnie opracowanych technologii adaptacyjnych. Aby mogła używać hamulca i gazu, do każdego z nich dodano przedłużenia pedałów. Na

---

[4] Zgoda na używanie tego imienia i nazwiska została udzielona, patrz załącznik A i B.

[5] Proksymalny niedobór ogniska udowego (PFFD) brak lewego kolana i skróconej nogi

Pocomelia to brak obu ramion.

drzwiach po stronie kierowcy zamontowano siłownik hydrauliczny, dzięki któremu mogła ona sterować prawym ramieniem. System przycisków na podczerwień jest aktywowany przez protezę Abdinora na lewej nodze. Abdinor używa palców prawej stopy do uruchomienia hamulca bezpieczeństwa i automatycznej zmiany biegów. Rysunek 2.4.

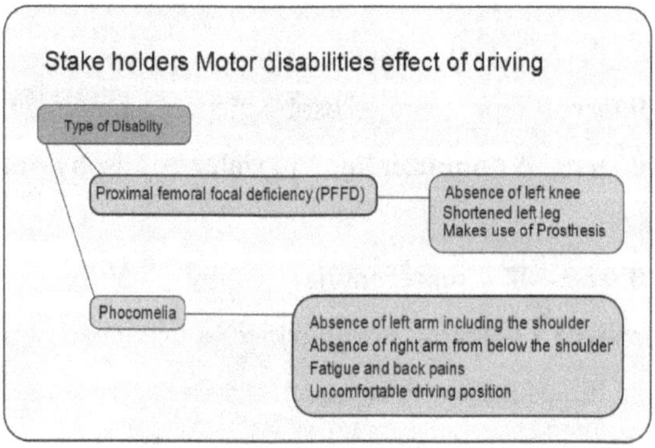

odnosi się do pewnej liczby niepełnosprawności niewymienionych przez Ashwina (2004). Miały one wpływ na Abdinor, gdy dojeżdżała do pracy ze swoją Hondą Civic (Abdinor, 2012). Abdinor ma również wspólny ogólny wzrost z osobami, u których zdiagnozowano karłowatość. Kierowcy z karłowatością mają problem z dotarciem do pedałów pojazdów.

RYSUNEK 2.2: WPŁYW NIEPEŁNOSPRAWNOŚCI RUCHOWEJ ZAINTERESOWANYCH STRON NA PROWADZENIE POJAZDU

(Opracowany przez autora, 2014; na podstawie ustaleń Abdinora, 2012)

Wyzwanie, przed którym stanęła Abdinor w odniesieniu do transportu, polegało na tym, że nie mogła ona znaleźć szkoły nauki jazdy, która pomogłaby jej w uzyskaniu prawa jazdy ze względu na stopień jej niepełnosprawności fizycznej i wyzwania związane z IADL. Jest psychologiem klinicznym i ceni sobie niezależny styl życia, dlatego transport osobisty był dla niej priorytetem. Ze względu na karierę Abdinor musiała podróżować do wspólnot, klinik i szpitali. Kiedy inny niepełnosprawny kierowca w Wielkiej Brytanii podarował jej zaadaptowany pojazd, mogła rozwijać swoją karierę i dążyć do niezależności. Dopiero gdy Abdinor była w posiadaniu przystosowanego pojazdu, mogła nabyć prawo jazdy i prawo jazdy w RPA (Abdinor), 2012). Niemniej jednak Abdinor nadal musiał przestrzegać standardowych zasad i przepisów dotyczących bezpieczeństwa kierowców, aby uzyskać prawo jazdy.

2.8 Bycie bezpiecznym kierowcą - Uzdolnionym i inaczej uzdolnionym

Arrive-Alive, grupa nacisku na bezpieczeństwo drogowe, uważa za ważny aspekt bycia bezpiecznym kierowcą, który jest zdolny do prowadzenia pojazdu, na który otrzymał prawo jazdy. Pod pojęciem "zdolności do prowadzenia pojazdu" rozumie się to, że dana osoba spełnia te warunki, które mogą pozytywnie wpłynąć na zdolność widzenia, myślenia i poruszania się fizycznie oraz działania na tyle dobrze, by móc bezpiecznie prowadzić pojazd (Arrive-Alive, 2012). W przypadku osoby o różnym stopniu sprawności standardowy interfejs między kierowcą a pojazdem nie jest wystarczający, ale można go dostosować do potrzeb takiej osoby. Adaptacja pojazdu wymaga zrozumienia warunków wpływających na kierowcę.

2.9 Warunki mające wpływ na ograniczenie liczby użytkowników

Upadhyay (2004) badał i stwierdził w swojej pracy magisterskiej, że niektóre zaburzenia nerwowo-mięśniowe są widoczne w środowisku kierowcy. Duża część listy osób niepełnosprawnych Ashwina (Ashwin,

2004)[6] koreluje z ustaleniami Webaim (2012). Na rysunku 2.3. przedstawiono trzy udokumentowane przez Webaim i Ashwin grupy osób niepełnosprawnych. Są to choroby lub schorzenia wrodzone, niepełnosprawność fizyczna i ruchowa. Niektóre z przyczyn niepełnosprawności fizycznej to urazy urazowe, uszkodzenia rdzenia kręgowego oraz uszkodzenie lub utrata kończyny (Ashwin, 2004; Webaim, 2012).

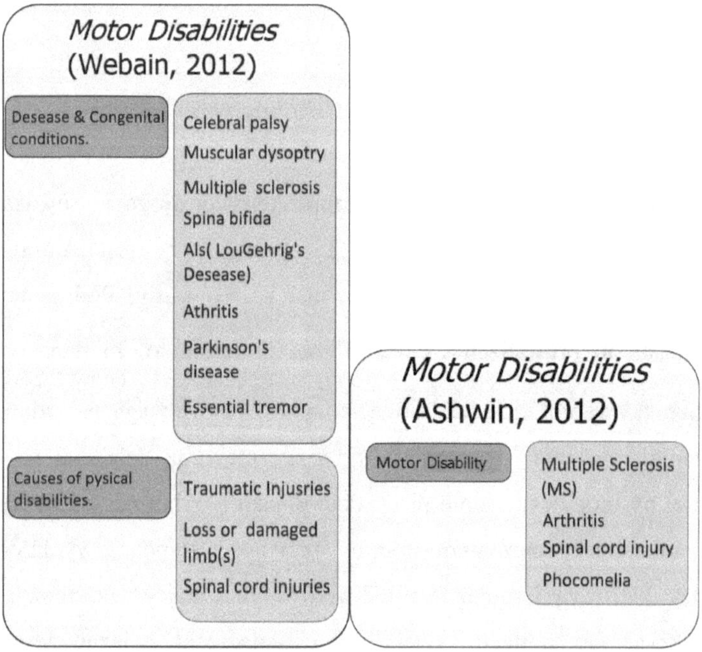

RYSUNEK 2.3: NIEPEŁNOSPRAWNOŚĆ RUCHOWA

(Opracowanie: autor, 2014; na podstawie wyników badań Webaima, 2012; Ashwin, 2004)

---

[6] Niepełnosprawność ta niekoniecznie wpływa na zdolności poznawcze danej osoby. Ponadto, niepełnosprawność ta może być nabyta lub dziedziczona.

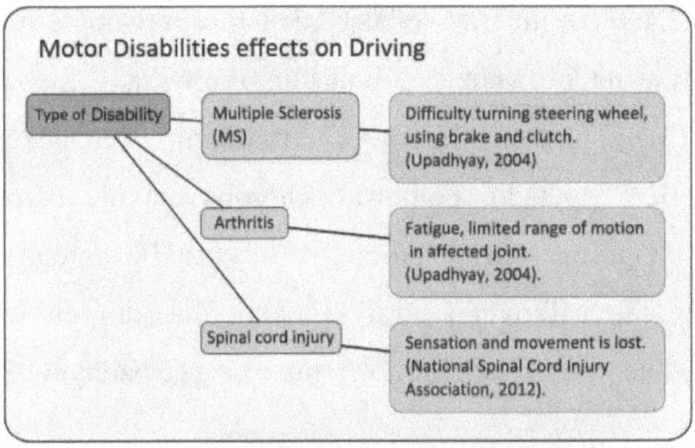

Choroby i schorzenia wrodzone stwierdzone przez Webaima (2012) to porażenie mózgowe, dystrofia mięśniowa, stwardnienie rozsiane, rozszczep kręgosłupa, ALS lub choroba Lou Geriga, zapalenie stawów, choroba Parkinsona i istotne drżenia. Zaburzenia ruchowe odnotowane przez Ahswina (2004) to stwardnienie rozsiane, zapalenie stawów, uraz rdzenia kręgowego i fokomelia. Webaim zauważył również urazy urazowe, utratę lub uszkodzenie kończyny lub kończyn, jak również uraz rdzenia kręgowego, jako przyczynę niepełnosprawności fizycznej.

Wpływ niepełnosprawności ruchowej na

. . . .

Mózg - Dystrofia mięśniowa -
ALS (Lou...) - zapalenie stawów - urazy fizyczne - utrata lub uszkodzenie...
(Ashwin, 2004) -

RYSUNEK 2.4: WPŁYW NIEPEŁNOSPRAWNOŚCI RUCHOWEJ NA PROWADZENIE POJAZDU

(Opracowanie autorskie, 2014; na podstawie ustaleń Upadhyaya, 2004; Krajowe Stowarzyszenie Kręgosłupa, 2012).

Rysunek 2.4 ilustruje trzy rodzaje niepełnosprawności ruchowej, które mają wpływ na prowadzenie pojazdu. Pierwsza z nich, stwardnienie rozsiane (MS), utrudnia kierowcy korzystanie z urządzeń sterujących prowadzeniem pojazdu, ponieważ choroba atakuje ośrodkowy układ nerwowy. Ogólnie rzecz biorąc, osoby z PC mogą doświadczyć częściowej lub całkowitej utraty funkcji, dla których wiadomości są przekazywane przez rdzeń kręgowy lub mózg (Upadhyay, 2004).

Zapalenie stawów jest chorobą, która pojawia się z wiekiem. Większość osób powyżej 50 roku życia zaczyna wykazywać pewne oznaki zapalenia stawów (Upadhyay, 2004). Najczęstszymi objawami są bóle i obrzęki mniejszych stawów w organizmie, bóle i sztywność stawów i mięśni, a także zmęczenie i zmniejszenie zakresu ruchu w dotkniętych stawami. Wpływ na jazdę może mieć ograniczona zdolność do obracania kierownicą pojazdu, a także trudności z obsługą deski rozdzielczej, kierunkowskazu, dźwigni zmiany biegów i hamulca postojowego (Upadhyay, 2004).

Uszkodzenie rdzenia kręgowego może być śmiertelne, jeśli nie zostanie odpowiednio przeprowadzone. Spośród 126 pacjentów z urazami rdzenia kręgowego przyjętych do Centrum Leczenia Rdzenia Kręgowego Księcia Kornwalii, Wielka Brytania, w 1999 r. 45% urazów zostało spowodowanych przez wypadki drogowe (Grundy & Swain, 2002). Uszkodzenie rdzenia kręgowego wpływa na uszkodzoną część ciała od i poniżej kręgów. Tak więc, jeśli dana osoba ma uraz rdzenia kręgowego w dolnej części pleców, nogi nie będą już funkcjonować (Grundy & Swain, 2002). (Klasyfikacja rdzenia kręgowego pełnego, tabela i ocena urazów rdzenia kręgowego znajdują się w załączniku D).

Aby uzyskać informacje na temat różnych poziomów niepełnosprawności ruchowej oraz tego, na którą kończynę lub część ciała mają one wpływ podczas jazdy, patrz rysunek 2.5 poniżej.

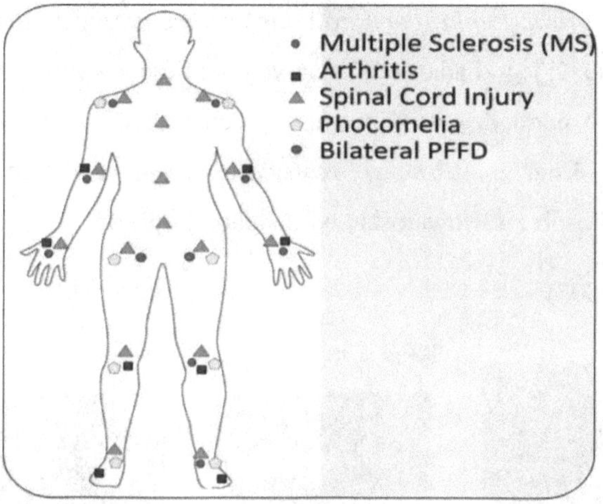

(Designed by author, 2014; based on findings by Ashwin, 2004; Upadhyay, 2004; National Spinal Cord Association, 2012; Webaim, 2012;)

RYS. 2.5: OBSZARY CIAŁA DOTKNIĘTE STWARDNIENIEM ROZSIANYM, ZAPALENIEM STAWÓW, URAZEM RDZENIA KRĘGOWEGO, FOKOMELIĄ, OBUSTRONNĄ PFFD

2.10 karłowatość typu achondroplasia

Badania przeprowadzone na danych antropometrycznych dla osób z karłowatością w Republice Południowej Afryki są ograniczone. Niektóre z odnalezionych danych pochodzą z pracy naukowej dotyczącej postępowania ortodontycznego w Republice Południowej Afryki w odniesieniu do osób z Achondroplazją. Z obserwacji ogólnych wynika, że od 500 do 1000 dzieci z karłowatością typu Achondroplasia było widzianych przez dentystów. Spośród widzianych dzieci wszystkie miały normalną inteligencję i zdrowie; niektóre miały nieprawidłowe ułożenie nóg (Stephen i in. , 2005).

W grudniu 2007 roku Ferguson ukończył pracę magisterską z zakresu inżynierii przemysłowej. Tytuł rozprawy brzmi: Opracowanie *systemu zbierania i prowadzenia pomiarów antropometrycznych dla osób z karłowatością*. Z jego badań i dokonanych pomiarów wynika, że istnieją różne różnice pomiędzy danymi antropometrycznymi zebranymi przez Cuffaro w książce "*Proces, materiały, pomiary*" oraz danymi dotyczącymi osób z karłowatością typu Achondroplazja.

(Ferguson. 2007).

RYSUNEK 2.6: WIDOK Z BOKU W POZYCJI STOJĄCEJ

(Ferguson. 2007: 22)

(Ferguson. 2007: 25)

RYSUNEK 2.7: WIDOK Z BOKU W POZYCJI SIEDZĄCEJ

(Ferguson. 2007: 24)

RYSUNEK 2.8: WIDOK Z PRZODU W POZYCJI STOJĄCEJ

Rysunek 2.6 ilustruje podstawowe pomiary statyczne wykonane na szlaku osoby z karłowatością typu Achondroplasia. Rysunki 2.6 i 2.8 ilustrują pomiary dokonane w czasie, gdy osoba stoi. Mierzone są: wysokość postury, wysokość barków, wysokość trochanterii, wysokość kolan, wysokość kostek, długość stóp, długość ramienia, długość przedramienia, jak również długość i szerokość dłoni. Podobne pomiary wykonywane są z osobą siedzącą, przedstawioną na rysunku 2.7. Dokonano następujących pomiarów: wysokość łokcia, wysokość kolan, szerokość biokromiczna, szerokość bioder, szerokość stóp, wysokość siedzenia, wysokość barków, wysokość oparcia łokcia, wysokość pośladków do długości podkolanówkowej, wysokość podkolanówki i szerokość pośladków w czasie siedzenia (Ferguson. 2007).

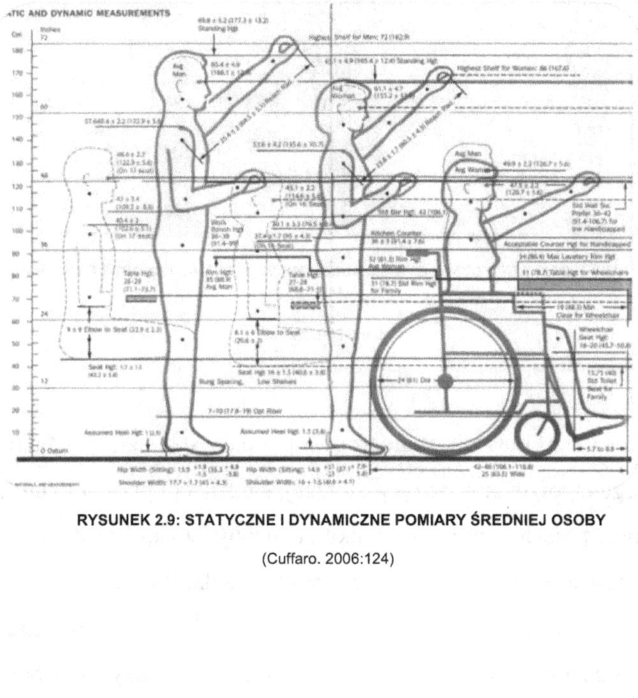

RYSUNEK 2.9: STATYCZNE I DYNAMICZNE POMIARY ŚREDNIEJ OSOBY

(Cuffaro. 2006:124)

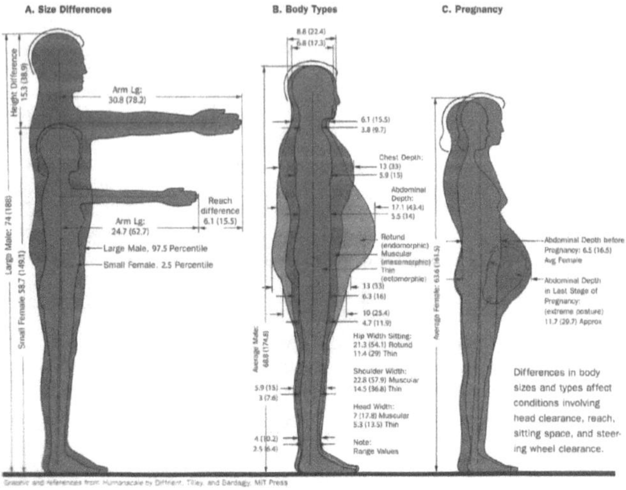

RYSUNEK 2.10: STATYCZNE I DYNAMICZNE POMIARY ŚREDNIEJ OSOBY ZE ZMIANĄ CIAŁA.

(Cuffaro. 2006:127)

Rysunki 2.9 i 2.10 ilustrują standardowe pomiary statyczne i dynamiczne przeciętnego człowieka w pozycji stojącej, siedzącej i przy zmianie ciała. Porównanie przeciętnego człowieka i osoby z karłowatością typu Achondroplasia wykazuje różne proporcje ciała. Ponieważ proporcje antropometryczne mają istotne znaczenie przy projektowaniu produktu, produkty przeznaczone dla osób niepełnosprawnych fizycznie będą się różnić od produktów przeznaczonych dla przeciętnego człowieka. W ramach adaptacyjnych urządzeń do sterowania i kontroli jazdy dostępne są różne technologie umożliwiające sprostanie różnym wyzwaniom związanym z prowadzeniem pojazdu zaprojektowanego dla różnych proporcji antropometrycznych.

2.11 Istniejące technologie, urządzenia wspomagające prowadzenie pojazdów

Dostępna w pojeździe technologia dyktuje, jakie urządzenia adaptacyjne mogą być stosowane. Badania nad dostępnością wspomagających urządzeń kierujących pokazują, że wiele technologii adaptacyjnych istnieje na świecie. Firmy, takie jak Howell Ventures, Mobility Product Design (MPD), Independent Living Aids i Fadiel Controls, wszystkie zapewniają pewnego rodzaju adaptacyjną kontrolę nad kierowaniem, umożliwiając kierowcy o różnym stopniu sprawności prowadzenie dostosowanego pojazdu (Electronic Mobility Controls, 2012; Access Options, 2014). Electronic Mobility Controls (EMC) sprzedaje i instaluje system AEVIT, umożliwiając kierowcom sterowanie swoim pojazdem za pomocą technologii drive-by-wire.

Ponieważ indywidualni, różnie traktowani kierowcy mają unikalne wymagania, w systemie mogą być używane różne produkty w celu stworzenia interfejsu pomiędzy potencjalnym kierowcą a symulatorem pojazdu, który będzie naśladował normalny interfejs pomiędzy kierowcami a ich pojazdami. Te systemy adaptacyjne można podzielić na dwie grupy, a mianowicie mechaniczne i elektroniczne sterowanie (Differently Abled World, 2014). (patrz Rysunek 2.11, strona 37). Środowisko, w którym różnie rozbudowane funkcje kierowcy składają się z zadań podstawowych i drugorzędnych. Podstawowym zadaniem jest prowadzenie pojazdu. Zadania drugorzędne to zadania związane z przetwarzaniem informacji; na przykład uzyskiwanie informacji poprzez dźwiękowe lub wizualne wprowadzenie danych podczas jazdy (Wickens & Seppelt, 2002).

Drive Master (rysunek 2.11) to produkt mechaniczny służący do dostosowywania różnych pojazdów do potrzeb ruchowych kierowcy. Drive Master działa na zasadzie, że do kolumny kierownicy pojazdu zamocowany jest ręczny sterownik. Do sterowania ręcznego dołączone są dwie regulowane dźwignie. Jeden steruje hamowaniem samochodu i jest bezpośrednio połączony poprzez mechaniczne połączenie z pedałem hamulca. Drugie ogniwo jest podłączone do pedału gazu, który jest aktywowany poprzez wymuszenie sterowania ręcznego w kierunku przeciwnym do ruchu wskazówek zegara. Sterowniki paraplegiczne mogą korzystać z tego typu sterowania (Mobility Works, 2012). Różne rodzaje dostosowań, które można wykonać, są następujące:

- Mały wysiłek przy sterowaniu i łamaniu
- Przedłużenia pedałów nożnych
- Gałki kierownicze lub mankiety (Mobility Works, 2012).

AEVIT jest systemem lub produktem typu drive-by-wire, który składa się z podstawowego i wtórnego sterowania napędem. System AEVIT 2.0 składa się z różnych części w systemie modułowym, aby osiągnąć swój cel jako pomoc adaptacyjna (Mobility Works, 2012). Mimo, że badania w ramach obecnego projektu skupiają się na sterowaniu urządzeniami sterującymi, istotne jest, aby zrozumieć cały produkt.

Systemy napędowe Scott działają w podobny sposób jak produkt AEVIT 2.0. Silnik i urządzenia sterujące są podłączone do skrzynki kontrolnej, z której kierowca może sterować wszystkimi obwodami elektrycznymi pojazdu, jak również siłownikami zmiany biegów. Wszystkie systemy i komponenty elektryczne są modułowe, co ułatwia serwis w terenie (Driving Systems Incorporated, 2008). Dzięki hydraulicznemu wspomaganiu układu kierowniczego, manipulacja elementami sterującymi odbywa się za pomocą siłownika hydraulicznego. Dobrym przykładem takiego urządzenia jest Honda Abdinor'a z 1995 roku (rysunek 3). Elementy sterujące używane do napędu samochodu Abdinor to hydrauliczny joystick sterujący połączony z mechanicznymi przedłużeniami pedałów nożnych. Przycisk na podczerwień służy do wyboru sygnalizacji lewej lub prawej strony, a układ siłownika liniowego służy jako selektor dla przekładni automatycznej i hamulca bezpieczeństwa (Abdinor, 2012).

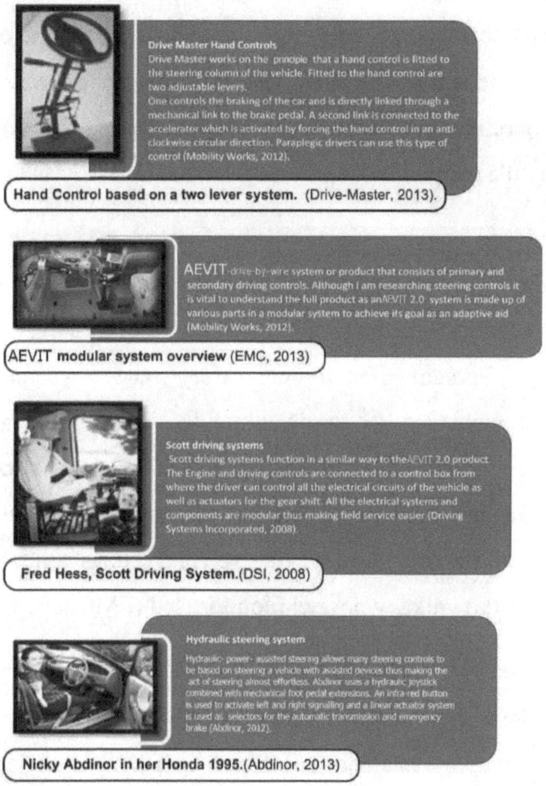

RYSUNEK 2.11: SPRZEDAŻNE FUNKCJE RÓŻNORODNICH CHORÓB JEDNOSTEK AIDS

(Opracowanie własne, 2014; na podstawie wyników badań przeprowadzonych przez Mobility Works, 2012; Driving Systems Incorporated, 2008; Abdinor, 2012)

Rysunek 2.11 ilustruje zakres i złożoność systemów adaptacyjnych systemów prowadzenia pojazdów wymaganych przez różne osoby. Złożoność systemu jest powiązana z poziomem niepełnosprawności użytkownika. Drive Master produkuje i instaluje adaptacyjne urządzenie sterujące, które przenosi funkcjonalność pedałów nożnych pojazdu na ręczne urządzenia sterujące zamontowane na kolumnie kierownicy pojazdu. Sterowniki ręczne są wyposażone w dwie regulowane dźwignie. Jedna dźwignia steruje funkcją hamulca i jest bezpośrednio połączona poprzez mechaniczne połączenie z pedałem hamulca. Drugie ogniwo jest podłączone do pedału gazu, który jest aktywowany poprzez nacisk na uchwyt w kierunku przeciwnym do zegara. Ten typ sterowania jest przeznaczony dla sterowników paraplegicznych (Drive Master, 2013).

W porównaniu do systemu czysto mechanicznego, system drive-by-wire (AEVIT) pozwala na poprawę funkcjonalności i indywidualne sterowanie zarówno podstawową, jak i wtórną funkcjonalnością. System AEVIT jest systemem modułowym, który może być podstawowy, ponieważ jest używany do sterowania tylko jedną funkcją, taką jak przyspieszenie, lub bardziej złożony, ponieważ może być używany do sterowania różnymi funkcjami, takimi jak sterowanie, hamowanie i przyspieszanie. System umożliwia również uzyskanie informacji zwrotnej od użytkownika w postaci monitora led (EMC, 2013).

Systemy napędowe Scott są podobne do AEVIT w tym sensie, że są modułowe. Jest ona jednak bardziej zaawansowana na poziomie integracji z własnym systemem pojazdu, a tym samym posiada większą funkcjonalność. Ze względu na rodzaj konstrukcji, każda wymagana funkcja jest połączona z tablicą kontrolną. Projekt ten jest ograniczony ze względu na zapotrzebowanie na miejsce i złożoność (DSI, 2008).

W porównaniu z wyżej wymienionymi systemami, kierowcy o różnym stopniu zaawansowania wykorzystują również systemy budowane na zamówienie, które odpowiadają ich indywidualnym potrzebom. Abdinor korzysta z systemu, w którym siłownik hydrauliczny jest wykorzystywany do sterowania pojazdem. Posiada mechaniczne połączenia z niestandardowym systemem pedałów podobnym do systemu Drive Master. System przycisków na podczerwień służy do wykonywania funkcji dodatkowych, takich jak wskazywanie, a także do sterowania elektrycznymi oknami i oświetleniem. Ograniczeniem takiego systemu jest konieczność zwrócenia się do różnych dostawców w sprawie komponentów systemu, a co za tym idzie, konieczność posiadania specjalistycznej wiedzy w zakresie jego konserwacji.

Wszystkie wyżej wymienione systemy są dostępne w skali międzynarodowej, co ogranicza wsparcie w Republice Południowej Afryki (Abdinor, 2012). Ponadto podczas montażu każdego z tych adaptacyjnych urządzeń wspomagających jazdę należy wziąć pod uwagę specjalistyczną ergonomię.

2.12 Główne wyzwanie projektowe

Główne wyzwanie projektowe sformułowane w związku z powyższymi ustaleniami literatury prowadzi do pytania: Czy można opracować symulator dla kierowców o różnym stopniu sprawności, aby pomóc w szkoleniu kierowców w Republice Południowej Afryki? Przy projektowaniu symulatora dla różnorakich użytkowników, które z produktów i czynników motoryzacyjnych mają wpływ na adaptację sterowników wspomagających? Rozważając system kontroli adaptacyjnej, jakie czynniki kontekstowe wpływają na wykorzystanie takiego systemu? Jak można opracować symulator, stosując kryteria projektowania uniwersalnego?

2.13 Podsumowanie

ADL-y, a w szczególności IADL-y, mają wpływ na niezależność jednostki w inny sposób. Wśród zróżnicowanej populacji w RPA trudno było znaleźć dane dotyczące kierowców. W ten sposób przeprowadzono dochodzenie w sprawie ogółu ludności niepełnosprawnej, zmagającej się z zadaniem IADL. Bio-socjalny model niepełnosprawności pomaga w uwzględnieniu zarówno stanu osoby, jak i środowiska, w którym żyje. Aby móc projektować dla inaczej uzdolnionych, projektant musi rozumieć inaczej uzdolnionych uczestników. Projektowanie partycypacyjne jest idealnym rozwiązaniem, ponieważ włącza uczestnika w proces projektowania. Wywiady nieformalne i obserwacja uczestników stanowiły część działań w ramach procesu projektowania partycypacyjnego. Ergonomia dla użytkowników o różnym stopniu sprawności doprowadziła do zrozumienia użytkownika ograniczającego, którym w tym badaniu był Nicky Abdinor. Zrozumienie unikalnego zestawu wyzwań fizycznych Abdinor doprowadziło do oceny tego, co sprawia, że kierowca jest bezpiecznym kierowcą, warunków wpływających na ograniczającego użytkownika podczas jazdy, a także technologii dostępnych do przystosowania pojazdu w RPA. Ten rozdział kończy się głównym wyzwaniem projektowym: Zaprojektować symulator jazdy dla osoby niepełnosprawnej, stosując uniwersalne kryterium projektowania. W rozdziale 3 zostanie omówione podejście i procesy związane z wyzwaniami projektowymi właściwymi dla tej pracy.

3 ROZDZIAŁ TRZECI: METODOLOGIA

3.1 Wprowadzenie

Jak omówiono w rozdziale 2, celem tej pracy doktorskiej jest zaprojektowanie symulatora jazdy dla[7] użytkownika ograniczającego w inny sposób. W tym rozdziale zostanie omówione studium przypadku projektu uniwersalnego jako podejście badawcze specyficzne dla tej pracy, mające na celu wyjaśnienie praktycznego podejścia i zastosowanych procesów. PD, z nastawieniem na meta-projektowanie, stanowiło część procesu projektowania. Poniższy klucz do mapy ilustruje podejście i etapy procesu omawiane w tym rozdziale.

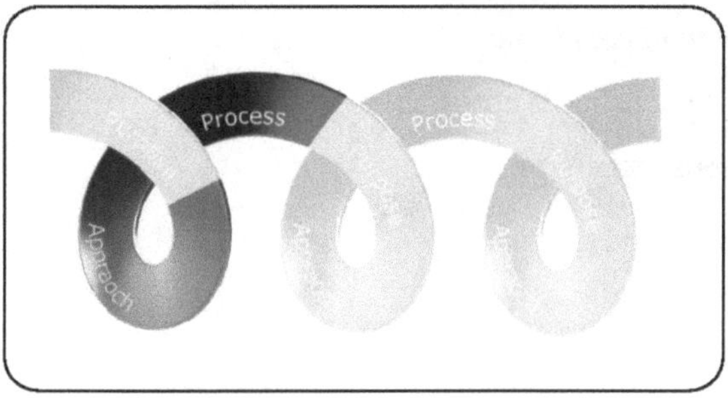

RYSUNEK 3.1: MAPA DYSERTACJI

(Opracowany przez autora według ustaleń Thomasa, 2011)

3.2 Podejście do projektowania badawczego

---

[7] Inaczej niż w przypadku osób niepełnosprawnych, ponieważ uważam, że pierwszy z tych terminów jest bardziej odpowiedni do opisu osób niepełnosprawnych.

3.2.1 Studium przypadku projektu uniwersalnego

Z definicji Universal Design oznacza, że wszystkie elementy i przestrzenie są dostępne i możliwe do wykorzystania przez wszystkich ludzi w największym możliwym stopniu (Dalcher, 2006). Jest to realizowane we wszystkich aspektach projektowania poprzez przemyślane planowanie z naciskiem na dostępność (Design, 1998:3). Centrum Projektowania Uniwersalnego, Uniwersytet Stanu Karolina Północna, pomagał w praktycznym zastosowaniu projektowania uniwersalnego, komponując siedem zasad projektowania uniwersalnego (Aslaksen) et al.,1997):

- **SPRAWIEDLIWE WYKORZYSTANIE**
- Elastyczność w użytkowaniu
- Proste i instytucjonalne zastosowanie
- Informacje spostrzegawcze
- Tolerancja błędu
- Mały wysiłek fizyczny
- Rozmiar i miejsce na podejście w użyciu

(Pełny opis zasad i wytycznych znajduje się w załączniku E).

W przypadku tej pracy doktorskiej siedem zasad projektowania uniwersalnego połączono z badaniem przypadków w celu zaprojektowania produktu, który mógłby być używany przez jak największą liczbę osób w ramach ograniczającego użytkownika.

Studium przypadku to podejście naukowe, które koncentruje się tylko na jednym wybranym temacie. Ma ona na celu skupienie się na szczegółach tematu i ma na celu zbadanie go jako całości pod wieloma kątami.

Stawka (2005:433) określa ją w następujący sposób: "Studium przypadku nie jest wyborem metodologicznym, ale wyborem tego, co ma być badane. '

W centrum uwagi studium przypadku może znajdować się osoba, grupa, instytucja, kraj, wydarzenie lub inne zjawisko, które badacz chce zbadać (Thomas, 2011). Studium przypadku składa się z dwóch części (patrz rysunek 3.3). Po pierwsze, istnieje temat, a po drugie, ramy analityczne, w których prowadzone są badania (Wieviorka, 1992:159). Studium przypadku przeprowadzone w tej pracy doktorskiej obraca się wokół kierowcy w określonym kontekście, z konkretnym pojazdem, o unikalnym profilu niepełnosprawności.

Kiedy konieczne było podjęcie decyzji dotyczącej badań, brano pod uwagę cel, podejście i proces badania przypadku. Celem studium przypadku w niniejszej pracy było zbadanie wyzwań, przed jakimi stoją kierowcy o różnym stopniu sprawności w RPA. Ramy oceny polegały, po pierwsze, na zrozumieniu wyzwań, z jakimi borykał się ograniczający użytkownik podczas prowadzenia przystosowanego pojazdu; po drugie, na zastanowieniu się nad wyzwaniami, z jakimi użytkownik musiał się początkowo zmierzyć, a po trzecie, na wprowadzeniu wynalazku.

Podejście do studium przypadku polegało na zbudowaniu prototypu, który miałby na celu sprostanie wyzwaniom stojącym przed konkretnym użytkownikiem ograniczającym (Nicky Abdinor) podczas jazdy, przy czym granica tego procesu stanowiła migawkę podczas jazdy użytkownika (Thomas, 2011). Rama analityczna jest wyzwaniem, przed którym stoi Abdinor podczas używania adaptacyjnych systemów wspomagania jazdy w Hondzie Civic z 1996 roku.

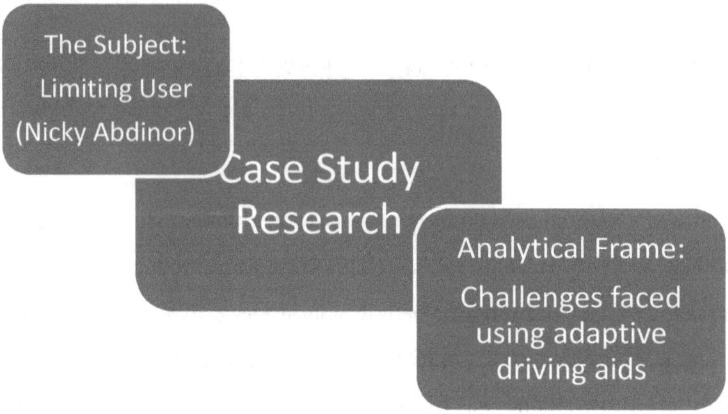

RYSUNEK 3.2: DWIE CZĘŚCI STUDIUM PRZYPADKU

(Opracowany przez autora według ustaleń Wieviorki, 1992)

Można by wyrazić obawę co do wiarygodności i zasadności podejścia opartego na studium przypadku, koncentrującego się na jednym użytkowniku (Thomas, 2011). Wywiad terenowy z daną osobą może dać sprzeczne wyniki w porównaniu z informacjami pochodzącymi z wcześniejszego wywiadu (Yin et al., 2006). Aby sprostać temu wyzwaniu, ankieter mógłby przeprowadzić analizę danych na miejscu: zauważając konflikt w gromadzonych danych, ankieter mógłby następnie zmienić formę gromadzenia danych, przeprowadzając wywiad z osobą trzecią lub dokonując ponownej analizy pierwszego uczestnika (Yin et al, 2006).

Co więcej, Thomas (2009:35) stwierdza, że "ważność polega na tym, w jakim stopniu dane badanie dowiaduje się o tym, co naukowiec zamierza dowiedzieć się o nim. W związku z tym, jeżeli dane zebrane z tego konkretnego badania przypadku odpowiadają na pytania postawione na początku badania, należy uznać zebrane informacje za ważne.

Ponadto, dla zapewnienia jakości badań ważne było wykorzystanie triangulacji. Przykładem dobrej triangulacji w studium przypadku byłby wybór różnych metod badawczych w różnych częściach opracowania w celu "myślenia małego, ale wiercenia głębiej" (Thomas, 2011). Foucault przyjmuje podobne podejście, naprawdę możemy coś zrozumieć dopiero wtedy, gdy spojrzymy na sprawę pod różnymi kątami, używając różnych metod (Foucault, 1981). Pozwoliło to na podejście do projektowania PD, w którym wybrany użytkownik ograniczający korzysta z prototypu, projektant obserwuje i analizuje wyniki, stosuje iteracje do drugiego prototypu, a proces się powtarza. Proces ten został dokładniej objaśniony w części dotyczącej PD w niniejszym rozdziale. Kiedy użytkownik jest zaangażowany za pomocą PD, należy wziąć pod uwagę etykę i zgodę.

3.2.2 Meta-Design

Meta-design ma na uwadze to, że jako profesjonaliści z różnych sektorów mamy różne umiejętności i zdolności, a także talenty. Na przykład, inżynier mechanik posiada pewne umiejętności, które można zdobyć tylko na swoim kierunku studiów; to samo można powiedzieć między innymi o mechatronice, projektowaniu produktów, technikach IT. Jeśli produkt miałby odnieść sukces, różni specjaliści musieliby połączyć swoje obszary specjalizacji i zapylać krzyżowo proces PD (Fischer, 2003:2). Ze względu na to rozumienie meta-projektowania, konieczne było włączenie do procesu projektowania różnych wykwalifikowanych specjalistów. W miarę jak proces PD ewoluował wraz z każdym cyklem, brief projektowy przechodził iteracje. Zgodnie z briefem projektowym można by określić wymagania dla zespołu wykwalifikowanych specjalistów potrzebnych do pomocy w procesie projektowania.

3.2.3 Projekt uczestniczący

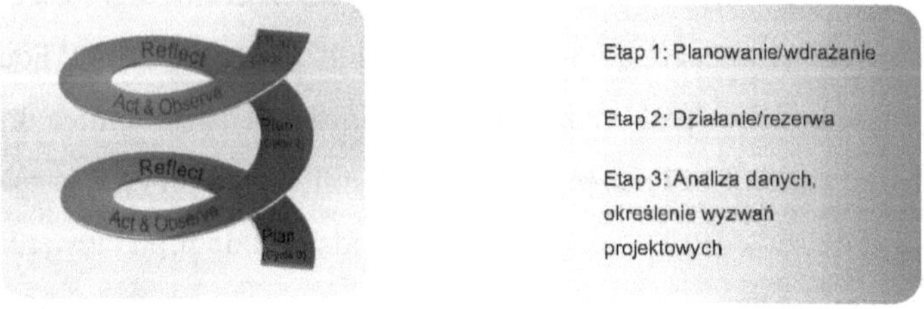

RYSUNEK 3.3: PROCES PD

(Opracowanie własne, 2014; na podstawie ustaleń Kemmis & Mctaggart, 2007: 277)

Myślenie i podejście oparte na projektowaniu partycypacyjnym (PD) ma na celu zaangażowanie użytkowników w proces projektowania, a preferowanym rezultatem jest wzmocnienie pozycji użytkowników jako współprojektantów (Schuler & Namioka, 1993). PD wspiera różne sposoby planowania, myślenia i działania, które są bardziej zgodne z ludzkimi potrzebami. Projektowanie uczestniczące, jak wyjaśnił Fisher, skupia się na działaniach i procesach mających miejsce w czasie badań i projektowania produktu lub systemu (Fischer, 2003).

PD w ramach podejścia badawczego studium przypadku uzupełnia badanie przypadku w tym sensie, że użytkownik lub użytkownik ograniczający był zaangażowany w podejście badawcze. Dla zapewnienia jakości badań ważne było wykorzystanie triangulacji. Przykładem dobrej triangulacji w studium przypadku byłby wybór różnych metod badawczych w różnych częściach opracowania w celu myślenia małych, ale wierconych głębiej (Thomas, 2011). Foucault miał podobne podejście, stwierdzając, że naprawdę możemy coś zrozumieć tylko wtedy, gdy spojrzymy na sprawę pod różnymi kątami, używając różnych metod (Foucault, 1981). Pozwoliłoby to na zastosowanie podejścia projektowego PD, w którym ograniczający użytkownik korzysta z prototypu, projektant obserwuje i analizuje wyniki, stosuje iteracje, co pozwala użytkownikowi na przetestowanie wyników przeglądu produktu, odzwierciedlenie i zaplanowanie kolejnego cyklu PD. Rysunek 3.1 ilustruje powtarzające się cykle realizowane w projektowaniu partycypacyjnym. Poniżej znajduje się opis każdego cyklu i kroków w ramach każdego cyklu w procesie PD.

- ***Cykl 1 - Planowanie:***

Ta faza procesu projektowania polegała na przeprowadzeniu nieformalnej rozmowy w miejscu pracy użytkownika, której celem było zrozumienie wyzwań, przed jakimi stoi użytkownik podczas prowadzenia pojazdu. Po wywiadzie sformułowano brief projektowy. Ten brief projektowy wpłynął na wybór różnych interesariuszy i współpracowników badawczych zgodnie z teorią meta-projektu. Również brief projektowy pomógł w wyborze dalszej drogi.

- ***Cykl 1 - Działać/Uważać:***

Faza obserwacji pierwszego cyklu została przeprowadzona w formie interaktywnego warsztatu. Ograniczający użytkownik został zaproszony na wydział sportowy Politechniki Cape Peninsula w celu uzyskania danych antropometrycznych. W ramach interaktywnego warsztatu, ograniczający użytkownik był obserwowany również podczas prowadzenia swojego pojazdu wyposażonego w adaptacyjne urządzenia wspomagające jazdę.

- ***Cykl 1 - Odbicie:***

Po interaktywnych warsztatach, krok trzeci z pierwszego cyklu składał się z analizy połączonych wyników dwóch pierwszych kroków.

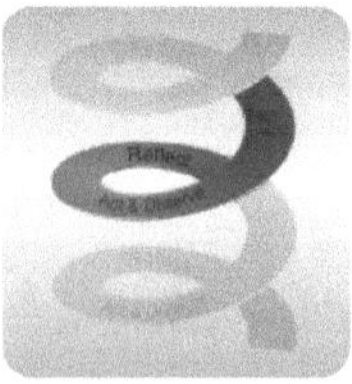

- ***Cykl 2 - Planowanie:***

Analiza pierwszego cyklu PD doprowadziła do zmian w briefie projektowym, podejściu projektowym i procesach. Zwrócono się do zainteresowanych stron i zaplanowano wspólne działania projektowe.

- ***Cykl 2 - działanie/rezerwa:***

W oparciu o zaadaptowane instrukcje i wymagania projektowe z cyklu pierwszego, zespół projektowy skonstruował podstawowy modułowy system adaptacyjny. Powstały prototypy Low-Fi, mające na celu zapoznanie ograniczającego użytkownika z zespołem i procesem projektowania. Prototypy zostały wykorzystane do oceny interakcji użytkownika ograniczającego z adaptacyjnymi urządzeniami wspomagającymi prowadzenie pojazdu w symulatorze. Ergonomiczne rozmieszczenie pomocniczych urządzeń wspomagających jazdę wybrano poprzez zaangażowanie ograniczającego użytkownika w warsztat montażowy. W trakcie warsztatów wyjaśniano użytkownikowi każdy etap, aby w jak największym stopniu uczestniczył w procesie projektowania.

- ***Cykl 2 - Odbicie:***

Po zakończeniu warsztatów montażowych odnotowano dotychczasowe ustalenia i sformułowano zalecenia dotyczące ostatniej iteracji projektu.

- ***Cykl 3 - Planowanie:***

Cykl ten polegał na zaplanowaniu ostatniej iteracji projektu symulatora: podjęciu decyzji o procesach, które zostaną zastosowane do oceny wydajności symulatora w ramach wytycznych studium przypadku Universal Design.

- ***Cykl 3 - działanie/rezerwa:***

Dla tego kroku użytkownik ograniczający był obserwowany za pomocą symulatora przez dłuższy okres czasu. Ograniczający użytkownik został poproszony o komentarz na temat doświadczeń związanych z korzystaniem z symulatora.

- ***Cykl 3 - Odbicie:***

Ten krok w procesie PD składał się z końcowych przemyśleń na temat sukcesu projektu symulatora. Opinie użytkowników, jak również wszelkie przemyślenia i zalecenia wymienione przez zainteresowane strony zostały uwzględnione i odnotowane.

3.3 Etyka i zgoda

Wybór ograniczającego podejścia użytkownika do badania przypadku choroby UD sprawia, że etyka staje się ważną częścią podejścia badawczego. Etyka to zasady dobrego i złego postępowania podczas przeprowadzania badania (Thomas, 2011). W związku z tym ograniczający użytkownik powinien zostać poinformowany o następujących kwestiach:

- Cel badania.
- Warunki uczestnictwa i wycofania się z badania. W tym przypadku, ~~czy~~ uczestnictwo było dobrowolne, a wycofanie było dobrowolne i bez żadnych warunków.
- Rozmówca mógł wycofać zgodę na wykorzystanie danych w ciągu dwóch tygodni od przesłuchania, w którym to przypadku materiał zostałby usunięty.
- Anonimowość byłaby zapewniona przy pisaniu rozprawy poprzez ukrycie tożsamości uczestnika, jeśli zostałby o to poproszony.
- Badanie obejmowałoby zarówno nieformalne, jak i formalne wywiady, testowanie prototypów przez użytkowników, a także, nie ograniczając się do ergonomicznego i antropometrycznego zbierania danych o uczestniku.

Przy rozpatrywaniu etyki studium przypadku ważną częścią badania jest zgoda uczestników. Uczestnik musi być świadomy tego, na co się zgadza biorąc udział w badaniu (Thomas, 2011). (Zob. załącznik A i B do niniejszego badania w celu zapoznania się z formularzem dotyczącym etyki i zgody przedstawionym uczestnikowi badania.)

3.3.1 Etyka stosowana

Praca z użytkownikiem ograniczonym stanowiła wyjątkowe wyzwanie, ponieważ użytkownik był zaangażowany w różne aspekty procesu projektowania zgodnie z zasadami PD. Przy każdej okazji przeprowadzenia interaktywnych warsztatów lub zaplanowania wywiadu, ograniczający użytkownik był podchodził do niego i pytał, czy rozważy uczestnictwo. Jeśli zgoda została udzielona, a zdarzenie zostało przeprowadzone, użytkownik ograniczający był tak wygodny, jak sobie tego życzył, szczególnie w odniesieniu do czasu trwania zdarzenia. Żadne szczególne podejście projektowe nie zostało przeprowadzone bez zgody użytkownika ograniczającego. Wszystkie zebrane dane były przechowywane na zewnętrznym dysku twardym w celu ich bezpiecznego przechowywania. W związku z tym, że użytkownik ograniczający posiadał unikalny zestaw niepełnosprawności fizycznej, istniała obawa, że przestępstwo może zostać popełnione, jeżeli w rozmowie zostanie użyty niepożądany termin lub jeżeli niepożądane informacje zostaną zarejestrowane. Każdy z tych problemów został rozwiązany poprzez zwrócenie się o zgodę i wskazówki do użytkownika ograniczającego.

3.4 Indukcyjna analiza danych

W projekcie zastosowano indukcyjne podejście do identyfikacji kluczowych tematów i doświadczeń użytkowników. Te tematy i doświadczenia stworzyły podstawę, na której zgrupowano dane jakościowe projektu i zbadano relacje. Kluczowe czynniki obejmowały ton i postawę uczestnika, czy jego wypowiedzi odnosiły się do osobistych czy grupowych doświadczeń oraz treści (rzeczywistych informacji) przekazanych badaczowi. Na podstawie danych zebranych podczas cykli PD zidentyfikowano kluczowe tematy. Głównym celem badań było zaangażowanie i obserwacja doświadczeń inaczej uzdolnionego użytkownika podczas prowadzenia innowacyjnego projektu, z którego skorzystałaby wówczas większa, inaczej uzdolniona społeczność. W trakcie procesu PD zauważono pewne prawidłowości. Konieczne było wyjaśnienie dynamiki zespołu projektowego i ich podejścia do projektowania. Zespół projektantów potrzebował ciągłego przypominania o meta-projektowym sposobie myślenia.

3.5 Podsumowanie

Dzięki metodologii studium przypadku Universal Design uzyskano jasne zrozumienie w odniesieniu do preferowanego procesu i wyników gromadzenia danych badawczych. PD, w połączeniu z meta-projektowaniem, uzupełniło metodologię badań przypadku Universal Design, ponieważ pozwoliło to autorowi na projektowanie z użytkownikiem ograniczającym, wybranie zainteresowanych stron do procesu projektowania, a także stworzenie podstaw dla procesu badań terenowych pomiędzy użytkownikiem ograniczającym a zespołem projektowym. Proces badawczy został przeprowadzony w różnych cyklach, co pozwoliło projektantowi na dogłębne zrozumienie wymagań projektowych. W każdym cyklu procesu PD można dostosować podejście badawcze, aby pomóc w procesie projektowania. W rozdziale 4 zostanie omówiony projekt.

4 ROZDZIAŁ CZWARTY: PROJEKT

4.1 Wprowadzenie

W tym rozdziale skoncentrujemy się na procesie projektowania stosowanym w terenie, którego celem końcowym jest produkt. Trzy kroki w ramach procesu PD zostały zastosowane i powtórzone w fazie projektowania badań. Pierwszy krok polegał na zrozumieniu wyzwania projektowego, zidentyfikowaniu zainteresowanych stron i współpracowników badawczych oraz opracowaniu wytycznych projektowych. Krok drugi rozpoczął się od badań terenowych, za pomocą pomocy audio i wizualnych, utworzenia interaktywnych warsztatów, obserwacji ograniczającego użytkownika i stworzenia prototypu. Etap 3 polegał na analizie zebranych danych, sfinalizowaniu interwencji projektowych i przedstawieniu sugestii dotyczących dalszych badań w następnym cyklu. Ten 3-stopniowy cykl został powtórzony trzy razy w celu poprawy wyniku interwencji projektowej. W każdym cyklu proces projektowania i metody stosowane w badaniach terenowych były dostosowywane do środowiska.

4.2 Proces badań terenowych

4.2.1 Cykl 1 - Planowanie:

Ta faza procesu projektowania polegała na przeprowadzeniu nieformalnego wywiadu w miejscu pracy Abdinor, którego celem było zrozumienie jej wyzwań podczas jazdy samochodem. Po wywiadzie opracowano krótki projekt symulatora, który ma zostać zbudowany. Ten brief projektowy wpłynął na wybór różnych interesariuszy i współpracowników badawczych zgodnie z meta-projektowym nastawieniem. W briefie projektowym poinformowano nas również o wyborze dalszej drogi. Niezbędną częścią badań w tej dziedzinie był sprzęt wykorzystywany do nagrań AV.

4.2.1.1 **Badania terenowe**

Badanie zostało przeprowadzone w środowisku, w którym zainteresowana strona miała swobodę w zakresie tego, co robiła, a jednocześnie była filmowana w sposób jak najbardziej dyskretny. Proces ten umożliwił projektantowi ocenę materiału filmowego pod kątem instynktownych czynów, które użytkownik wykonywał podczas pracy ze sprzętem adaptacyjnym.

Badania terenowe były prowadzone w preferowanym przez użytkownika miejscu, gdy tylko było to możliwe. Próby wytrzymałościowe zostały przeprowadzone w dziale sportowym CPUT w Mowbray, w Kapsztadzie. Filmowanie użytkownika odbywało się w jej samochodzie, gdy tylko było to możliwe. Różne nagrania AV Abdinor prowadzącej zaadaptowaną Hondę obywatelską znalazły się na jej stronie internetowej. Były one dostępne i oceniane wraz z nagraniami AV podczas testów prototypowych.

4.2.1.2 **Stosowany sprzęt: Pomoce audio i wizualne**

RYSUNEK 4.1: UWAGA GALAKTYCZNA 2 10 CALI TABLETKA

(Autor, 2012)

Uwaga 2 do Galaktyki używana do zapisu badań dźwiękowych i wizualnych.

RYSUNEK 4.2: WYWIAD Z ABDINOREM

(Autor, 2012)

W rozmowie z Abdinor wspomniała, że wyjaśniono jej, iż aby uzyskać prawo jazdy, musi zakupić pojazd z Wielkiej Brytanii, ponieważ w RPA nie jest dostępny żaden produkt, który mógłby być wykorzystywany do celów szkoleniowych (Abdinor, 2012).

Kiedy Abdinor miała 18 lat i mogła ubiegać się o prawo jazdy, nie mogła znaleźć odpowiedniego pojazdu, który mógłby być wykorzystany do jej szkolenia kierowców. Musiała ~~najpierw udać~~ się do Wielkiej Brytanii, aby obejrzeć podarowany jej pojazd. Chociaż w 2002 r. nie posiadała jeszcze prawa jazdy, pojazd został wysłany do RPA. "W tym roku mój samochód przyjechał do RPA i uzyskałem prawo jazdy" (Abdinor, 2012). W ten sposób Abdinor uzyskała pojazd z Wielkiej Brytanii, zanim mogła trenować jako maszynista w RPA.

TABELA 4.1: WYMAGANIA PROJEKTOWE

Wymagania projektowe	Uzasadnienie koncepcji
Zaprojektować prototyp symulatora, w którym użytkownik należący do kategorii "użytkownika ograniczającego" może szkolić się na potrzeby swojej licencji maszynisty.	Ważny wymóg Abdinora podczas wywiadu w dniu 5 listopada 2012 r.
Funkcjonalność symulatora powinna być taka jak w przypadku pojazdu.	Włączone do projektu symulatora: wymagane do symulacji rzeczywistego doświadczenia na drodze, w tym przypadku doświadczenia na drodze Abdinor.
Ten symulator powinien być zaprojektowany zgodnie z wytycznymi UD, aby pomieścić jak najwięcej kierowców.	Stworzony przez autora jako symulator byłby przeznaczony dla różnorakich niepełnosprawnych użytkowników, którzy są unikalni w swoich wymaganiach (Kroemer, 2006:3).

Symulator powinien być wynikiem współpracy pomiędzy różnymi wykwalifikowanymi specjalistami, zgodnie z teoretycznymi poglądami na temat meta-projektu. Wymagane umiejętności były:	Podzielony przez autora według literatury znalezionej na...
o *Kierowca (użytkownik z ograniczeniami)*	Ograniczenie użytkownika (Bażant, Haslegrave, 2006)
o *Terapeuta zawodowy najlepiej z doświadczeniem w pracy na symulatorach*	Nadzwyczajna ergonomia (Kroemer, 2006)
o *Profesjonalista z doświadczeniem w antropometrii i ergonomii*	Meta Design (Fischer, 2003)

Biorąc pod uwagę potrzeby Abdinora jako kierowcy o różnym stopniu sprawności (patrz tabela 4.1), okazało się, że istnieje zapotrzebowanie na produkt, który może umożliwić osobom o podobnej niepełnosprawności uzyskanie prawa jazdy. Według naukowców z Uniwersytetu w Alabamie (Roenker i in., 2003:218) produkt ten mógłby mieć postać symulatora. Ze względu na wywiad z Abdinor i biorąc pod uwagę ustalenia literatury (patrz rozdział 2), sformułowano pewne wymagania dotyczące projektowania.

Mając na uwadze wymagania projektowe, wymagania zespołu projektowego zostały sformułowane zgodnie z meta-projektowym nastawieniem. W przypadku prowadzenia badań z ograniczonym użytkownikiem jako uczestnikiem, właściwe ramy umysłu są kluczowe dla powodzenia wyniku badania. Meta-projektowanie stanowiło ważną część podejścia badawczego, ponieważ wymaga, abyśmy jako profesjonaliści z różnych sektorów posiadali różne zdolności i umiejętności, a także talenty (Fischer, 2003:2). Nie trzeba dodawać, że ograniczający użytkownik był nieodzownym członkiem zespołu projektowego; inżynier mechanik musiał pomóc w zrozumieniu mechaniki pojazdu i symulatora. Do terapeuty zajęciowego zwrócono się z prośbą o pomoc w zrozumieniu skutków fizycznych dla użytkownika podczas korzystania z symulatora. Do zespołu włączono również interesariuszy znających się na ergonomii i antropometrii. Zadaniem różnych wykwalifikowanych rzemieślników było wyprodukowanie symulatorowego systemu adaptacyjnego. Autor ułatwił proces projektowania jako lider zespołu. Poniżej znajduje się krótki opis zainteresowanych stron i współpracowników badawczych w dowolnej kolejności, zgodnie z metaprojektowym nastawieniem.

4.2.1.3 Wybór zainteresowanych stron i współpracowników badawczych

- ***Ograniczanie użytkownika***

Według Preiser & Ostroff (2001), użytkownik ograniczający musi określić poziom adaptacyjnych pomocniczych urządzeń wspomagających jazdę, niezbędnych do wykonania symulatora przeznaczonego do tej pracy. Abdinor był osobą wybraną do reprezentowania użytkownika ograniczającego.

"Nicky Abdinor ma ponad 10 lat doświadczenia klinicznego w psychologii. Studiowałam na Uniwersytecie w Stellenbosch, gdzie uzyskałam tytuł licencjata (kierunek psychologia i praca społeczna), licencjat (psychologia) z wyróżnieniem, a w końcu tytuł magistra (psychologia kliniczna) w 2004 roku. Ukończyłam staż psychologiczny w szpitalu Tygerberg, a następnie rok pracy społecznej na oddziale kryminalistycznym szpitala Lentegeur. Moje zainteresowanie psychologicznym dostosowaniem do niepełnosprawności rozwinęło się w czasie, gdy pracowałem jako Konsultant Psycholog Kliniczny w Centrum Rehabilitacji Przylądka

Zachodniego (WCRC). Ukończyłem Podstawowe i Zaawansowane Praktyki w Racjonalnej Terapii Zachowań Emocjonalnych (REBT) akredytowane przez Albert Ellis Institute w Nowym Jorku. Od ponad ośmiu lat prowadzę wykłady z psychologii dla studentów studiów licencjackich i podyplomowych w Varsity College w Kapsztadzie. Teraz mój czas skupia się na mojej praktyce terapeutycznej, profesjonalnym mówieniu i pracy non-profit" (Abdinor, 2015:1).

- ***Terapeuta zawodowy***

RYSUNEK 4.3: SWANEPOEL, L

(Swanepoel. L, 2015)

Swanepoel jest terapeutą zawodowym w USeBenza Assessment Centre Stellenbosch University. Jest częścią zespołu, który wykorzystuje aktualnie dostępne platformy symulacyjne do przeprowadzania oceny kompetencji kierowców w ośrodku badawczym.

- ***Specjalista w dziedzinie antropometrii i ergonomii***

Do Laboratorium Osiągnięć Ludzkich na Wydziale Sportu Politechniki Cape Peninsula (CPUT) w Mowbray zwrócono się o pomoc w spełnieniu wymagań antropometrycznych i ergonomicznych dla tego badania.

4.2.2 Cykl 1 - Działać/Uważać:

Faza "obserwacji" pierwszego cyklu została zrealizowana w formie interaktywnych warsztatów. Abdinor został zaproszony na wydział sportowy Cape Peninsula University of Technology w celu uzyskania danych antropometrycznych. W ramach interaktywnego warsztatu była również obserwowana podczas jazdy swoim pojazdem wyposażonym w adaptacyjne urządzenia wspomagające jazdę.

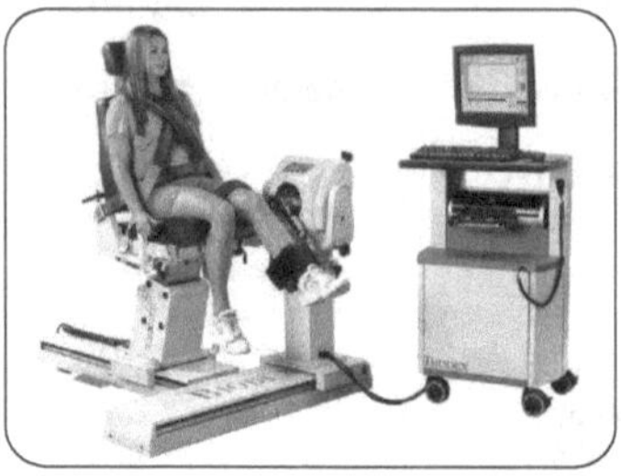

RYSUNEK 4.4: SYSTEM BIODEX 3

(Proxomed, 2013)

Rysunek 4.5 przedstawia system Biodex 3 podobny do tego, który jest używany w interaktywnych warsztatach w Laboratorium Wydajności Człowieka znajdującym się na terenie kampusu CPUT Mowbray. System Biodex, który był dostępny, mógł pomieścić tylko niektóre badania ergonomiczne Abdinor ze względu na jej unikalny zakres niepełnosprawności. W ten sposób dokonano analizy zgięcia planti/dorsi; innymi słowy, ruchów prawej nogi za pomocą mięśnia szyjnego, jak również quadów, w których dolna noga jest przesuwana do przodu i do tyłu. Ze względu na ograniczenia systemu Biodex w odniesieniu do zdolności ruchu Abdinor, podjęto decyzję o wykorzystaniu adaptacyjnej ergonomii sprzętu w jej pojeździe do oszacowania obwodów do wstępnego prototypowania.

- ***Obserwowanie Abdinora podczas prowadzenia jej pojazdu***

W trakcie cyklu obserwacji przeprowadzono indukcyjną analizę danych i zanotowano ją w formie podsumowania:

Hydrauliczny siłownik kierujący  RYSUNEK 4.5: UKŁAD KIEROWNICZY ADAPTACYJNY MONTOWANY NA ZAMÓWIENIE (Autor, 2012)	**Wyzwania z tym związane:** Kiedy Abdinor jeździ, używa siłownika hydraulicznego. Miseczka siłownika, w którą wkłada ramię, składa się z części stalowej pokrytej pianką. Kubek siłownika hydraulicznego ma określony zakres ruchu.
Hydrauliczny siłownik kierujący  RYSUNEK 4.6: UKŁAD KIEROWNICZY ADAPTACYJNY MONTOWANY NA ZAMÓWIENIE (Autor, 2012)	Nie ma możliwości regulacji czułości układu kierowniczego. Ewentualny przeciek hydraulicznego przewodu zasilającego mógłby spowodować poważne zagrożenie dla bezpieczeństwa kierowcy. W przypadku awarii siłownika hydraulicznego nie ma zapasowego układu kierowniczego. Ze względu na charakter układu hydraulicznego, w bezpośrednim otoczeniu

	kierowcy znajdują się przewody hydrauliczne. Kierowca znalazłby się w niebezpiecznej sytuacji, gdyby doszło do wycieku w przewodach hydraulicznych zasilających joystick.
Indywidualnie skonstruowane rozszerzone pedały i skrzynka kontrolna przełączników  **RYSUNEK 4.7: ADAPTACYJNY ZAKRES RUCHÓW KIEROWNICY** (Autor, 2012)	**Wyzwania z tym związane:** Zastosowanie skrzynki sterowniczej przełącznika jest podobne do przełączników umieszczonych nad wyciągniętym pedałem hamulca. Abdinor używa palców u prawej stopy do wciskania guzików. Wyzwania związane z obsługą przycisków są podwójne. Po pierwsze, w obudowie przełącznika można umieścić ograniczoną liczbę funkcji; po drugie, kierowca musi przerwać kontakt wzrokowy z drogą i spojrzeć w dół, aby potwierdzić, czy dana funkcja jest aktywna. Kierowca nie ma również żadnej kontroli nad bezpieczeństwem

	pojazdu, ponieważ pojazd można uruchomić poprzez naciśnięcie przycisku start.
RYSUNEK 4.8: HYDRAULIKA UKŁADU KIEROWNICZEGO ADAPTACYJNEGO LINIA ZASILAJĄCA 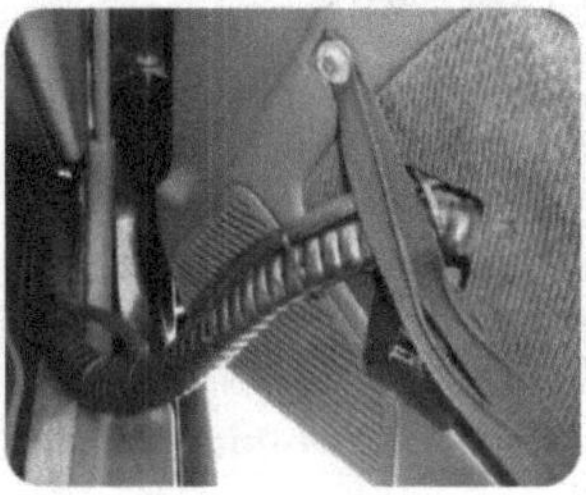 (Autor, 2012)  ILLUSTRACJA 4.9: SKRZYNKA STEROWNICZA PRZEŁĄCZNIKA (Autor, 2012)	**C hallenges zaangażowane:** Zastosowanie skrzynki sterowniczej przełącznika jest podobne do przełączników umieszczonych nad wyciągniętym pedałem hamulca. Abdinor używa palców u prawej stopy do wciskania guzików. Wyzwania związane z obsługą przycisków są podwójne. Po pierwsze, w obudowie przełącznika można umieścić ograniczoną liczbę funkcji; po drugie, kierowca musi przerwać kontakt wzrokowy z drogą i spojrzeć w dół, aby potwierdzić, czy dana funkcja jest aktywna. Kierowca nie ma również żadnej kontroli nad bezpieczeństwem pojazdu, ponieważ pojazd można uruchomić poprzez naciśnięcie przycisku start.

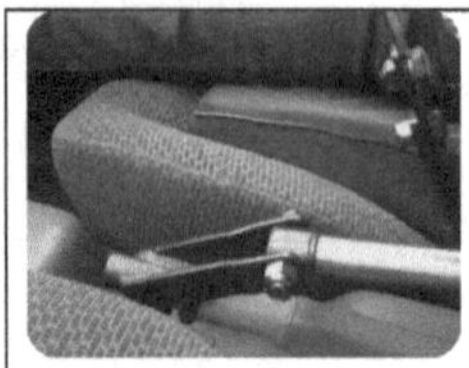 RYSUNEK 4.10: ZESTAWIENIE HAMULCA BEZPIECZEŃSTWA (Autor, 2012)  RYSUNEK 4.11: BUTONY UŻYWANE DO AKTYWOWANIA HAMULCA AWARYJNEGO (Autor, 2012)	**Wyzwania z tym związane:** Jak widać na zdjęciu, hamulec bezpieczeństwa jest aktywowany poprzez naciśnięcie lewego przycisku znajdującego się na pedale hamulca. Brak jest wskazań, kiedy hamulec znajduje się w odpowiedniej pozycji, poza wizualnym potwierdzeniem. Aby zwolnić hamulec bezpieczeństwa, przełącznik jest przesuwany w górę. Tutaj obowiązuje ta sama zasada: istnieje tylko wizualne potwierdzenie stanu wyłączenia hamulca bezpieczeństwa. Abdinor wolał nie używać hamulca bezpieczeństwa ze względu na zbyt małą prędkość, przy której hamulec jest uruchamiany, co czyni go bezużytecznym w sytuacji awaryjnej.
	Wyzwania z tym związane: Abdinor używa palców prawej stopy, aby pociągnąć lub nacisnąć na przełącznik.

RYSUNEK 4.12: WYBIERANIE POZYCJI ZMIANY BIEGÓW
(Autor. 2012)

RYSUNEK 4.13: WYBIERANIE POZYCJI ZMIANY BIEGÓW
(Autor. 2012)

Po pociągnięciu za włącznik dźwignia zmiany biegów przesuwa się w kierunku kierowcy; po naciśnięciu włącznika dźwignia zmiany biegów przesuwa się do pozycji parkowania. Obawy związane z użytkowaniem motoreduktora budzi fakt, że używany przycisk musi być aktywny w sposób ciągły, a jego pozycja może być potwierdzona tylko wizualnie. W przypadku standardowej automatycznej skrzyni biegów, użytkownik ma do dyspozycji sprzężenie zwrotne z selektora, które zatrzaskuje się na miejscu po ustawieniu, co pozwala na sensoryczne sprzężenie zwrotne wraz z wizualnym wskazaniem wybranej pozycji. Ze względu na system adaptacyjny, ten sensoryczny dotyk nie jest dostępny, ponieważ mechanizm został usunięty, aby pomieścić siłownik elektryczny, który służy jako ręce użytkownika.

Wyzwania z tym związane:

Wyzwania związane z korzystaniem z systemu biperów są minimalne. Jedną z frustracji jest to, że po wybraniu kierunkowskazu nie jest on wyłączany przez skręcanie kierownicą lub za pomocą adaptacji dżojstika, jak w standardowym pojeździe. Kierowca musi wyłączyć kierunkowskaz za pomocą przycisku bipera. Sposób aktywacji i dezaktywacji jest podobny dla wszystkich funkcji zaprogramowanych w systemie brzęczykowym.

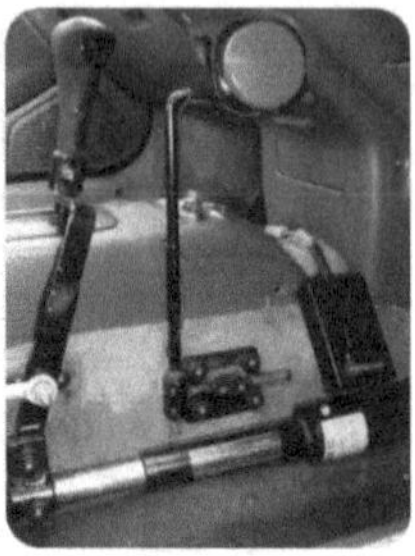

RYSUNEK 4.14: PRZYCISK UŻYWANY DO AKTYWACJI FUNKCJI DODATKOWEJ

(Autor, 2012)

4.2.3 Cykl 1 - Odbicie:

Po interaktywnych warsztatach, krok trzeci z pierwszego cyklu składał się z analizy połączonych wyników dwóch pierwszych kroków. Podsumowując wyzwania związane z systemem adaptacyjnym zastosowanym w pojeździe Abdinora, autor obawiał się, że większość różnych zastosowanych części nie ma żadnego związku ze sobą. Na przykład adaptacyjne wspomaganie układu kierowniczego było systemem samodzielnym, to samo można powiedzieć o hamulcu bezpieczeństwa i systemie dźwiękowym.

Układ kierowniczy z funkcją adaptacyjną budził pewne obawy co do dostosowania czułości do indywidualnych wymagań kierowcy. Ponieważ siła użytkownika jest różna, ważne jest, aby zająć się tą kwestią w projekcie symulatora. Dodany przełącznik sterujący nie jest umieszczony pod wygodnym kątem widzenia i jest ograniczony do ilości funkcji, które może wykonywać. Rozszerzone pedały działają dobrze, według Abdinora. Obawy budzi fakt, że gdyby inny kierowca chciał prowadzić pojazd bez użycia dodanych pedałów, platforma pedałowa stanowiłaby przeszkodę. Jak wspomniano wcześniej, hamulec bezpieczeństwa mógł zostać uruchomiony, ale okazał się nieskuteczny w sytuacji awaryjnej, w której konieczna była szybka reakcja. W związku z tym Abdinor nie użył hamulca bezpieczeństwa.

Wybranie pozycji biegu jest dość łatwe, chociaż jedynym wskazaniem wybranego biegu jest wizualne potwierdzenie. Nie ma mechanicznego sprzężenia zwrotnego, które wskazywałoby na wybraną pozycję, tak jak w przypadku ręcznego przesuwania dźwignią zmiany biegów. Mechanizm odpowiedzialny za tę funkcję sprzężenia zwrotnego został usunięty, aby pomieścić siłownik elektryczny, który wykonywał funkcję wyboru przekładni. Wyzwaniem dla funkcji drugorzędnych jest to, że jest to system samodzielny, a niektóre funkcje nie działają tak, jak powinny w konwencjonalnej sytuacji jazdy. Sygnał skrętu, jeśli jest aktywowany, powinien się wyłączać, gdy kierowca wyjeżdża z zakrętu; ten w pojeździe Abdinor nie.

Uwzględnienie wszystkich tych wyzwań pozwoliło na przeprowadzenie etapu planowania produktywnego drugiego cyklu w procesie PD.

4.2.4 Indukcyjna analiza danych

Podczas fazy refleksji nad cyklem PD 1 do zainteresowanych stron zwrócił się terapeuta zawodowy z USeBenza Assessment Centre w celu wzięcia udziału w wykładzie i uruchomienia symulatora jazdy. Dr Classen, profesor i dyrektor w School of Occupational Therapy (Western University, Ontario, Kanada), wygłosił wykład na temat wykorzystania symulatorów do celów rehabilitacyjnych. Podczas tego wykładu Classen zwrócił uwagę, że jednym z wyzwań podczas korzystania z symulatorów jazdy jest to, że użytkownik może cierpieć na chorobę symulatorową w przypadku przedłużonego użytkowania (Uniwersytet Zachodni, 2015).

RYSUNEK 4.15: DEMONSTRACJA KLASY DR I-DES VSIM C200 SP SIMULATOR JADĄCY

(Uniwersytet Zachodni, 2015)

Po prezentacji, Abdinor i autor wzięli udział w demonstracji symulatora. Autorowi pozwolono na obsługę symulatora i doświadczoną chorobę symulacyjną w ciągu 5 minut od wykorzystania symulatora w normalnej symulacji jazdy. Niestety, Abdinor nie mogła korzystać z symulatora ze względu na brak odpowiednich, potrzebnych jej pomocy w prowadzeniu pojazdów. Ustalenie to utwierdziło nas w przekonaniu, że istnieje wyraźna potrzeba opracowania symulatora opartego na kryteriach UD i zgodnie z siedmioma wytycznymi sformułowanymi przez Centrum Projektowania Uniwersalnego (Aslaksen i in., 1997). Projekt został zmieniony, aby uwzględnić brak odpowiednich pomocy adaptacyjnych dostępnych w ramach symulatora iDes.

4.2.5 Cykl 2 - Planowanie:

Biorąc pod uwagę wyniki pierwszego cyklu PD, a także wyzwania związane z symulatorem iDes w opinii autora i Abdinora, zmieniono wymagania projektowe.

•

TABELA 4.2: WYMAGANIA PROJEKTOWE

Wymagania projektowe	**Uzasadnienie koncepcji**
Zaprojektować prototyp symulatora, w którym użytkownik należący do ograniczonej kategorii użytkowników może trenować na potrzeby swojej licencji maszynisty.	Główne wymagania Abdinora podczas wywiadu w listopadzie 2013 r.
Funkcjonalność symulatora powinna być taka jak w przypadku pojazdu.	Jednym z istotnych elementów w projekcie takiego symulatora powinno być to, że symuluje on rzeczywiste doświadczenie na drodze, w tym przypadku doświadczenie na drodze Abdinor.
Ten symulator powinien być zaprojektowany zgodnie z wytycznymi UD, aby pomieścić jak najwięcej kierowców. *Linie Przewodnika UD są:* *Sprawiedliwe wykorzystanie* *Elastyczność w użytkowaniu* *Proste i instytucjonalne zastosowanie* *Informacje spostrzegawcze* *Tolerancja błędu* *Mały wysiłek fizyczny*	Stworzony przez autora jako symulator byłby przeznaczony dla różnorakich niepełnosprawnych użytkowników, którzy są unikalni w swoich wymaganiach (Kroemer, 2006:3). Wytyczne UD zostały dodane po obejrzeniu symulatora iDes, ponieważ wymagana była bardziej wszechstronna definicja

Dostępne podejście w użyciu	UD, ponieważ w symulatorze iDes powinno być możliwe zakwaterowanie jak największej liczby użytkowników.
Symulator powinien umożliwiać użytkownikowi ukończenie różnych poziomów szkolenia kierowców.	Dodane przez autora po demonstracji symulatora iDes, po uświadomieniu sobie, że uczący się kierowca będzie potrzebował wprowadzenia do korzystania z symulatora.
Sprzęt adaptacyjny zaprojektowany dla symulatora powinien być ulepszeniem obecnie stosowanych przez Abdinor pomocy adaptacyjnych.	Dodane przez autora podczas fazy refleksji nad cyklem PD 1. Podczas obserwacji Abdinor podczas jazdy jej samochodem okazało się, że niektóre funkcje wydawały się trudne, a także niebezpieczne do wykonania. Kwestie te zostały odnotowane do późniejszego wykorzystania w procesie projektowania symulatora.
Symulator powinien być zaprojektowany we współpracy z różnymi wykwalifikowanymi zainteresowanymi stronami, zgodnie z teoretycznymi poglądami dotyczącymi metaprojektu. Wymagane umiejętności były: *Kierowca (użytkownik z ograniczeniami)* *Terapeuta zawodowy najlepiej z doświadczeniem w pracy na symulatorach* *Profesjonalista z doświadczeniem w antropometrii i ergonomii*	Podzielony przez autora według literatury odnoszącej się do... o Ograniczenie użytkowników (Bażant, Haslegrave, 2006) o Nadzwyczajna ergonomia (Kroemer, 2006) o Meta-Design (Fischer, 2003)

4.2.6 Cykl 2 - działanie/obserwacja

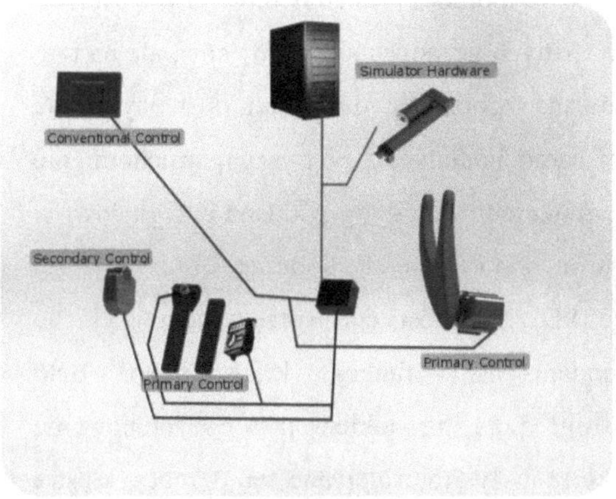

RYSUNEK 4.16: MAPA SYSTEMU POMOCY ADAPTACYJNEJ NA SYMULATORZE

(Autor, 2014)

Wykorzystując zaktualizowane wymagania, zespół projektowy zaprojektował podstawowy modułowy system adaptacyjny. System został podzielony na podstawowe, drugorzędne i konwencjonalne funkcje sterowania pojazdem. Podstawowe funkcje sterowania stanowiły minimalne funkcje, które umożliwiają obsługę pojazdu. Z tego powodu zawierały one adaptacje, które wymagały bezpośredniego interfejsu użytkownika. Pedały gazu i hamulca spełniały swoją zwykłą funkcję, mimo że zostały przestawione. Sterowanie odbywało się za pomocą joysticka zamontowanego na wysokości barku, a ponieważ symulator był automatyczny, zmiana biegów i hamulec postojowy były kontrolowane za pomocą przycisku umieszczonego na pedale hamulca.

Adaptacje sterowania wtórnego kontrolowały funkcje, które Abdinor mógł wykonywać podczas jazdy, takie jak kierunkowskazy, światła przednie, i były aktywowane za pomocą systemu biper. Lista funkcji mogła być dostosowana do różnych uczących się kierowców, ale na tym etapie została zaprogramowana zgodnie z funkcjami dostępnymi dla Abdinor podczas jazdy jej samochodem. Po pierwszym uruchomieniu symulatora przez Abdinor, funkcje te zostałyby poddane przeglądowi w celu uwzględnienia wyzwań odnotowanych podczas obserwacji jej pierwszego cyklu procesu PD. Do głównego sprzętu adaptacyjnego kontrolera symulatora dodano listę funkcji, które można było wykonywać podczas postoju pojazdu, takich jak pozycjonowanie lusterka, klimatyzacja, i które były kontrolowane za pomocą klastra sterowania pedałem. Chociaż niektóre z konwencjonalnych funkcji sterowania pojazdem nie były regulowane na platformie symulatora, realizm doświadczeń z jazdy w symulatorze był istotny; dlatego też funkcje te zostały dodane do projektu symulatora. Aby w pełni zrozumieć zakres funkcji wymaganych od pomocy adaptacyjnych wykorzystywanych przez Abdinor w symulatorze, konieczne było bardziej techniczne zrozumienie systemu.

4.2.6.1 **Dostosowania do symulatora**

- ***Podstawowe funkcje kontrolne***
  - ***Sterowanie***

Adaptacja układu kierowniczego miała postać uruchamianego elektrycznie serwomotoru, który jest sztywno połączony z kolumną kierownicy i napędza wał wejściowy stelaża kierowniczego za pomocą przekładni redukcyjnej. W związku z tym oczekuje się, że silnik będzie spełniał te same funkcje wejściowe, co kierowca korzystający z kierownicy, przy czym istniejący silnik elektryczny wspomagania mocy ułatwia zadanie obracania kierownicą, a także kołami w symulatorze. Ograniczający użytkownik uruchamia ten serwomotor za pomocą dźwigni joysticka zamontowanej na drzwiach lub kolumnie drzwi, w zależności od modelu pojazdu z symulatorem. Ta dźwignia dżojstika ma formę miseczki w kształcie litery U. Abdinor umieszczałaby ramię wewnątrz kubka i przesuwając dźwignię w przód i w tył obracałaby kierownicą odpowiednio w prawo i w lewo. Po zwolnieniu miseczki w kształcie litery U powraca ona do pozycji neutralnej dzięki podwójnej funkcji sprężynowego powrotu.

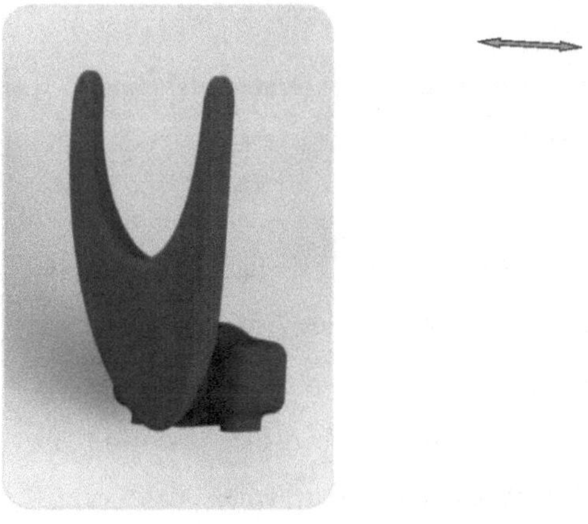

RYSUNEK 4.17: URUCHAMIANIE UKŁADU KIEROWNICZEGO ZA POMOCĄ DŻOJSTIKA

(Autor, 2013)

Ze względu na ograniczony skok, który Abdinor może wykonywać ramieniem, początkowy pomysł dopasowania skrętu kątowego dźwigni joysticka do obrotu kierownicy okazał się niepraktyczny. Wyzwanie to udało się pokonać dzięki podziałowi układu kierowniczego na 5 stref, co oznaczało, że Abdinor musiał przesunąć dźwignię do zaledwie pięciu różnych pozycji, aby osiągnąć pełną zdolność kierowania. Rysunek 4.12 ilustruje te pięć różnych stref.

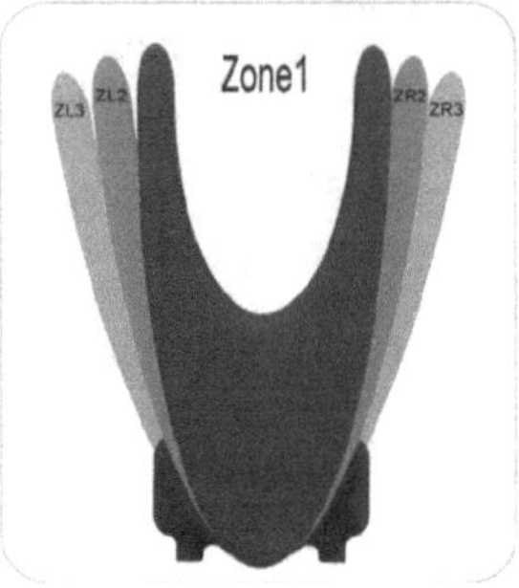

RYSUNEK 4.18: STREFY STEROWANIA OBSERWOWANE Z PUNKTU WIDZENIA UŻYTKOWNIKA

(Autor, 2013)

Powyższy rysunek ilustruje pięć różnych stref; każda strefa została ustawiona tak, aby miała inną funkcję. Z dźwignią dżojstika w dowolnym miejscu wewnątrz strefy 1, kierownica jest w pozycji "trzymaj prosto przed siebie"; lub po powrocie dżojstika w dowolnym miejscu wewnątrz tej strefy, kierownica wraca i "trzymaj prosto przed siebie". Lewa i prawa strefa 2s zostały ustawione jako "corner cornerering hold" i wchodzą w grę dopiero po powrocie joysticka ze strefy 3. Ponieważ Abdinor przesunął dźwignię dżojstika ze strefy 1 do strefy 2, koła nie zostały przesunięte z "prosto na wprost".

Gdy Abdinor wepchnął dźwignię do Strefy 3, kierownica symulatora zaczęła się obracać, co sprawiło, że koła zaczęły się obracać. Z tego wynika, że aby uzyskać stałe pokonywanie zakrętów, Abdinor musiał najpierw wcisnąć dźwignię dżojstika do strefy 3, aby uzyskać pożądany kąt skrętu, a następnie wrócić do strefy 2 i utrzymać dźwignię dżojstika na stałym poziomie, aby pokonać stałe zakręty. Jeśli wymagany był większy kąt skrętu, musiała ona wcisnąć go nieco dalej do strefy 3, aż do uzyskania wymaganego kąta skrętu, a następnie wrócić do strefy 2. Alternatywnie, mogłaby również utrzymać kierownice w strefie 3 na stałym poziomie. Po zwolnieniu dźwigni, koła wracałyby do pozycji "na wprost".

Wreszcie, w celu zasymulowania sprzężenia zwrotnego siły, którego doświadcza zdolny kierowca poprzez kierownicę, podłączono do dżojstika urządzenie sprzężenia zwrotnego momentu obrotowego. To urządzenie sprzężenia zwrotnego dało Abdinor sprzężenie zwrotne powierzchni drogi uzyskane z oprogramowania symulatora warunków drogowych. Urządzenie sprzężenia zwrotnego odpowiednio zwiększyło lub zmniejszyło opór skrętu joysticka. Na przykład, jeśli układ kierowniczy "czułby się" cięższy w symulowanym środowisku podczas skręcania kół na nierównej powierzchni w porównaniu z gładką powierzchnią, dźwignia dżojstika również czułaby się sztywniejsza. Funkcja ta nie jest krytyczna dla obsługi dżojstika, ale raczej umożliwia użytkownikowi uzyskanie bardziej realistycznych, symulowanych wrażeń z jazdy. Poprzez odłączenie złączy kablowych i wyjęcie joysticka, symulator może zostać przywrócony do stanu pierwotnego. Po wyłączeniu głównego sterownika adaptacyjnego następuje odcięcie zasilania serwomotoru i nie ma to wpływu na sprawny sterownik korzystający z symulatora. Joystick może być również zastąpiony systemem wspomagania jazdy zaprojektowanym dla potrzeb innej osoby niepełnosprawnej.

- *Hamulce i kontrola przyspieszenia*

Dla tej szczególnej adaptacji skonstruowano skrzynkę na pedały i zamontowano ją na podłodze przed siedzeniem. Skrzynka na pedały została wyposażona w uchwyt, który ograniczał ruch dźwigni regulacji fotela, zapobiegając w ten sposób jego regulacji, a także wskazując, czy fotel ~~nie znajdował się w~~ optymalnej pozycji, czy też nie. Skrzynka z pedałami przybrała formę ramy z dodatkowymi pedałami hamulca i gazu, pewnie zamocowanymi w celu zapewnienia ich prawidłowego działania i zdolnymi do pracy w pełnym zakresie normalnego skoku. To pudełko na pedały podniosło oba dodatkowe pedały, aby umożliwić Abdinor sięgnięcie prawą stopą do obu.

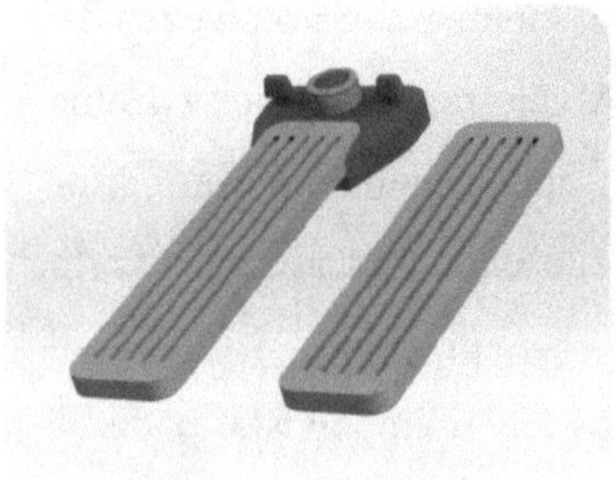

RYSUNEK 4.19: HAMULCE I STEROWANIE PRZYSPIESZENIEM

(Autor, 2013)

Pedały zostały podłączone do symulatora za pomocą połączenia przewodowego. Pozwala to użytkownikowi lub operatorowi na ustawienie czułości. Pedały działają w taki sam sposób, jak zwykłe pedały w samochodzie. Zaletą przewodowych pedałów jest to, że można je zdemontować, jeśli inny użytkownik chce skorzystać z symulatora. Funkcja ta jest zgodna z podejściem projektowym UD.

RYSUNEK 4.20: PRZEŁĄCZNIK ZMIANY BIEGÓW I STEROWNIK KLOCKA HAMULCA POSTOJOWEGO STEROWNIK KLOCKA NOŻNEGO

(Autor, 2013)

Zarówno dźwignia zmiany biegów, jak i hamulec postojowy są sterowane za pomocą przystawki na pedale hamulca, w której znajduje się zestaw trójfunkcyjnych przycisków z końcówką triumfalną, umożliwiających uruchomienie zmiany biegów lub hamulca bezpieczeństwa. W przypadku zmiany biegów, ruch dźwigni w górę lub w dół oznacza ruch w tył i w przód podczas wyboru odpowiedniego biegu, podczas gdy hamulec postojowy wykorzystuje ten sam ruch dźwigni w górę lub w dół, ale zawiera również opcję przytrzymania lub migotania przy powolnym pełzaniu lub zatrzaśnięciu lub szarpnięciu dźwigni. To zatrzaskowe lub szarpane działanie dźwigni hamulca bezpieczeństwa było wzorowane na tym, jak zdolny kierowca uruchamiałby hamulec bezpieczeństwa w rzeczywistej sytuacji.

- *Zagrożenia*

Zamocowanie pedału hamulca posiada również przycisk służący do aktywacji zagrożenia podczas postoju pojazdu. To jest w oczekiwaniu na nagły wypadek, podczas gdy stopa Abdinora byłaby na pedale hamulca. Była to również odpowiedź na prośbę Abdinor, ponieważ miała ona trudności ze stosowaniem niebezpieczeństw, korzystając z systemu biperów podczas jazdy.

- ***Wtórne funkcje kontrolne***

Adaptacje sterowania wtórnego umożliwiały uruchamianie funkcji, takich jak wskaźniki i reflektory, i były sterowane za pomocą systemu biperów. Biper został zamontowany na konsoli środkowej, w zasięgu lewej stopy Abdinora. System biperów podawany do głównego sterownika, który sterował wszystkimi funkcjami dodatkowymi poprzez skrzynkę bezpiecznikową symulatora, z dodatkowym sprzężeniem zwrotnym do sterownika podawanym poprzez ekran zamontowany przed panelem radiowym.

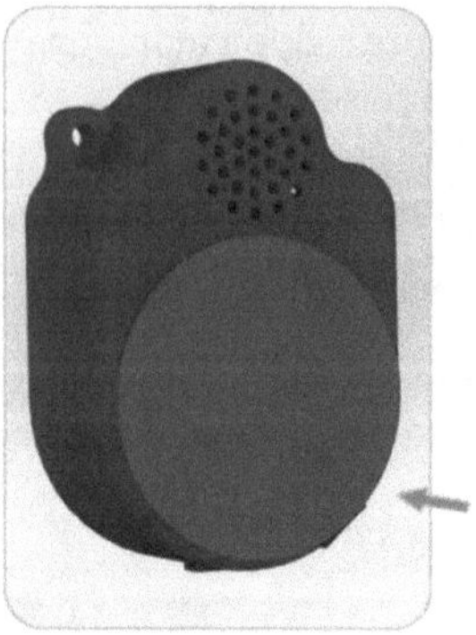

RYSUNEK 4.21: BEEPER BUTTON

(Autor. 2013)

Abdinor naciskałby i przytrzymywał przycisk bipera wolną nogą / stopą, po czym system zaczynałby piszczeć. Abdinor miała przypisaną do pamięci liczbę piknięć związanych z daną dodatkową funkcją, co pozwalało jej zwolnić przycisk, gdy liczba piknięć odpowiadała wymaganej funkcji, choć na ekranie sprzężenia zwrotnego również wskazywała jej tę funkcję. Poniższa lista podaje dodatkowe funkcje sterowania w odniesieniu do liczby sygnałów dźwiękowych. Funkcje te zostały zaadoptowane i dostosowane do pierwotnego ustawienia Abdinor w jej samochodzie.

Bip 1 =Hooter /Róg

Bip 2 = Lewy wskaźnik

Bip 3 =Right Indicator

Bip 4 = Światło główne włączone/wyłączone

Bip 5 = Światło główne

RYSUNEK 4.22: FUNKCJE KONTROLI DRUGOTERMINOWEJ (ANG. SECONDARY CONTROL FUNCTIONS)

(Autor, 2013)

Poprzez wyłączenie głównego sterownika systemu adaptacyjnego, wszystkie drugorzędne funkcje sterowania zostały poprowadzone przez jego normalne przyciski i łodygi, co pozwoliło osobie o dobrej kondycji fizycznej na prowadzenie pojazdu w normalny sposób. Funkcja ta ponownie jest zgodna z zasadami UD.

Zostały wyprodukowane prototypy Low-Fi, mające na celu zapoznanie Abdinor z zespołem i procesem projektowania. Prototypy zostały wykorzystane do oceny jej interakcji z adaptacyjnymi urządzeniami wspomagającymi prowadzenie pojazdów w symulatorze. Ergonomiczne rozmieszczenie pomocniczych urządzeń wspomagających jazdę wybrano poprzez zaangażowanie firmy Abdinor w warsztat montażowy. W trakcie warsztatów wyjaśniano jej każdy krok, aby w jak największym stopniu zaangażować ją w proces projektowania.

4.2.6.2 **Prototypy**

W związku ze zrozumiałymi do tej pory wyzwaniami, zaprojektowano i skonstruowano powłokę symulatora w celu stworzenia realistycznego doświadczenia kierowcy (patrz rys. 4.24). Jednym z ograniczeń symulatora iDes oglądanego w Stellenbosch było to, że kierowca znajduje się w otwartym środowisku, a zatem jest łatwo rozpraszany przez elementy inne niż czynności związane z prowadzeniem samochodu. Ponieważ otoczenie jest nieruchome podczas ruchu pojazdu na ekranie symulatora, użytkownik jest podatny na chorobę symulatora. Ze względu na to, że autor doświadczył choroby symulatora w ciągu 5 minut od użycia symulatora, podjęto decyzję o stworzeniu realistycznego środowiska, w którym użytkownik symulatora nie będzie rozpraszany przez środowisko zewnętrzne. Abdinor nie mógł przetestować symulatora w Stellenbosch ze względu na jego ograniczoną użyteczność. Oprócz zdolnego kierowcy, symulator mógł pomieścić tylko poczwórnych kierowców. Poniżej przedstawiono proces wytwarzania powłoki korpusu dla symulatora zaprojektowanego przez zespół wybrany zgodnie z teorią meta-projektowania. Powłoka została zbudowana przez wykwalifikowanego rzemieślnika, który również wniósł wkład projektowy do procesu produkcji.

RYSUNEK 4.23: PLATFORMA SYMULATORA POJAZDU

(Autor, 2014)

4.2.6.3 Prototypy sterowania dżojstikiem dla platformy symulatora

RYSUNEK 4.24: PROTOTYP SYMULATORA DŻOJSTIKA STERUJĄCEGO

(Autor, 2013)

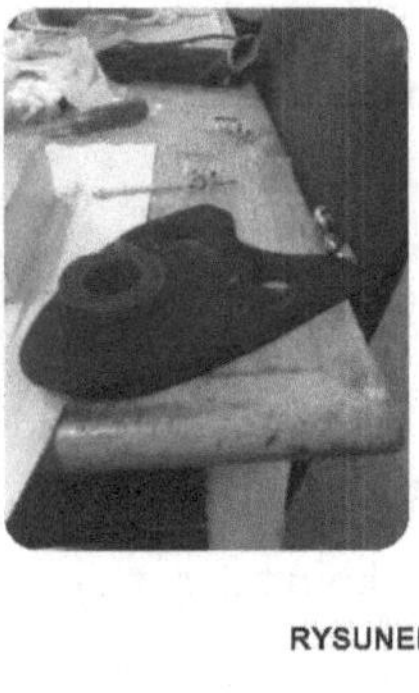

RYSUNEK 4.25: PROTOTYP SYMULATORA DŻOJSTIKA STERUJĄCEGO

(Autor, 2013)

Zdając sobie sprawę z funkcjonalności układu kierowniczego Drive-by-wire, zespół uzyskał i zdjął symulator kierownicy i pedału. Stwierdzono, że wewnętrzne obudowa kierownicy może być wykorzystana w symulatorze po dokonaniu pewnych adaptacji sprzętowych. Ponieważ Abdinor nie mógł używać kierownicy, wymagane jest dostosowanie do niej kielicha kierownicy dżojstika jako interfejsu pomiędzy sprzętem elektronicznym a użytkownikiem. Szorstki prototyp kierownicy dżojstika został zaprojektowany i wykonany z wykorzystaniem szkła plexi (patrz rys. 4.19). Interfejs pomiędzy użytkownikiem a interfejsem sterującym został zaprojektowany przy użyciu szablonu układanego w stos. Za pomocą laserowego noża tnącego stworzono szablony, które zostały sklejone ręcznie, aby stworzyć prototyp. Część sterująca joysticka została wyprodukowana z wykorzystaniem HDPE (patrz rys. 4.18). To była ta część, która w miarę możliwości pozostanie taka sama, częścią, która może się zmienić, jest filiżanka dżojstika.

RYSUNEK 4.26: OGRANICZANIE UŻYTKOWNIKA ZA POMOCĄ STANDARDOWEJ KLAWIATURY KOMPUTEROWEJ

(Autor, 2012)

Podczas nieformalnej sesji obserwacyjnej, Abdinor był obserwowany przy użyciu standardowej klawiatury komputerowej. Obserwacja ta została uznana za ważną część procesu projektowania ze względu na rozmiary przycisków stosowanych w klawiaturze komputerowej. Przyszedł do głowy pomysł, że klawiatura nożna może być opracowana przy użyciu wielkości przycisków klawiatury PC jako odniesienie.

RYSUNEK 4.27: KONCEPCJA KLAWIATURY STERUJĄCEJ

(Autor. 2013)

Dla podkładki pod klawisz kontrolny zaprojektowano model oparty na klawiaturze komputerowej, której Abdinor używa na co dzień. Klawisz F1 klawiatury określił jego wielkość. Abdinor stwierdził, że rozmiar będzie odpowiedni. Wraz z wejściem inżyniera elektryka, podstawowy układ został ustalony według różnych przemysłowych układów klawiatur. Podstawowy układ klawiatury sterującej został przedstawiony Abdinor w formacie graficznym.

RYSUNEK 4.28: PROTOTYP KLAWIATURY

Po zapoznaniu się (Autor, 2013) przez Abdinora z graficzną reprezentacją klawiatury nożnej, prototyp został wyprodukowany przy użyciu frezarki CNC. Płytka drukowana i przyciski do pulpitu sterowniczego, jak również programowanie zostały wykonane przez studentów inżynierii mechanicznej i elektrycznej.

RYSUNEK 4.29: EKRAN KIEROWANY Z KONSOLI ŚRODKOWEJ PROTOTYP

(Autor, 2013)

Wraz z klawiaturą sterującą wymagane było wizualne przedstawienie wybranych funkcji. Ponieważ Abdinor był używany zarówno do telefonu komórkowego, jak i komputera stacjonarnego, zdecydowano we współpracy z zespołem projektowym i Abdinor, że monitor będzie służył do przekazywania informacji zwrotnych na temat wybranych funkcji. Monitor ten byłby również ekranem dotykowym ze względu na aspekt Universal Design w badaniu. Jeśli użytkownik z funkcją dotykową miałby korzystać z symulatora, ekran dotykowy funkcjonowałby zarówno jako klawiatura sterująca, jak i wizualna informacja zwrotna dla wybranych funkcji. W ten sposób, w takim przypadku, klawiatura sterująca mogłaby zostać usunięta. Funkcje wykorzystywane w symulatorze są takie same jak w standardowym pojeździe, ale nie są do nich ograniczone. Monitor, wraz z klawiaturą sterującą, został opracowany jako centralna jednostka sterująca systemu adaptacyjnego opracowanego dla symulatora. Do tego centralnego urządzenia sterującego podłączone są wszystkie inne urządzenia wspomagające jazdę, które są niezbędne do prowadzenia pojazdu. Pedały, między innymi, były uważane za część pomocy adaptacyjnej.

RYSUNEK 4.30: PEDAŁY NOŻNE I KONCEPCJA KLASTRA PRZEŁĄCZNIKÓW

(Autor. 2012)

Do posadowienia zbudowanego prototypu uzyskano klaster pedałowy służący do symulatorów. Używanie klastra pedałowego w jego standardowej formie stwarzało trudności dla Abdinor. W związku z tym zestaw pedałów został zaprojektowany zgodnie z wymiarami jej własnego pojazdu. Abdinor przejrzał przedstawienie graficzne i poprosił o przycisk awaryjny wraz ze standardowymi przyciskami zmiany biegów i przełączania hamulca bezpieczeństwa.

RYSUNEK 4.31: PROTOTYP PEDAŁÓW NOŻNYCH

(Autor. 2012)

Po tym, jak Abdinor zapewnił zespołowi projektowemu wkład w projekt, zbudowano prototyp i przygotowano go do testów. Po wyprodukowaniu wszystkich pomocy adaptacyjnych w formie prototypu, zaplanowano interaktywne warsztaty montażowe. Program tego warsztatu polegał po pierwsze na dopasowaniu wszystkich pomocy adaptacyjnych, ale co ważniejsze, na wprowadzeniu Abdinor do ergonomii symulatora i obserwowaniu jej zgodnie z wymogami PD i metodami badań przypadków. Obserwacja Abdinora była ważną częścią badań, ponieważ ostrzegała ona autora o wszelkich niepokojących obszarach i wymaganych zmianach w projekcie.

Dla zapewnienia prawidłowości badań ważne było wykorzystanie triangulacji. Przykładem dobrej triangulacji w studium przypadku byłoby wybranie różnych metod badawczych w różnych częściach opracowania w celu "myślenia małego, ale wiercenia głębiej" (Thomas, 2011). Foucault miał podobne podejście, twierdząc, że naprawdę możemy coś zrozumieć tylko wtedy, gdy spojrzymy na sprawę z różnych punktów widzenia, używając różnych metod (Foucault, 1981). W związku z tym następuje druga część warsztatu obserwacji triangulacji. Ustalenia tego warsztatu zostały porównane z ustaleniami poczynionymi podczas obserwacji Abdinor podczas prowadzenia jej pojazdu. Pozwoliło to na ustalenie bardziej szczegółowego zestawu wymagań projektowych dla symulatora.

TABELA 4.2: DANE Z WARSZTATÓW INTERAKTYWNYCH FITNESS

RYSUNEK 4.26: POMIAR ODLEGŁOŚCI SKRZYNKI Z PEDAŁEM NOŻNYM PRZY POMOCY ABDINORA
(Autor, 2013)

Pedał nożny został umieszczony w skorupie symulatora. Abdinor został poproszony o dostarczenie autorowi informacji na temat komfortu, możliwości i łatwości obsługi przycisków nożnych. Wysokość i zasięg zostały dostosowane zgodnie z jej danymi (Abdinor, 2013).

Wyzwania:

Podczas tej sesji montażowej Abdinor wyraził obawę, że pedały są oddalone od siebie i mogą powodować trudności przy przechodzeniu od stosowania przepustnicy do hamowania (Abdinor, 2013).

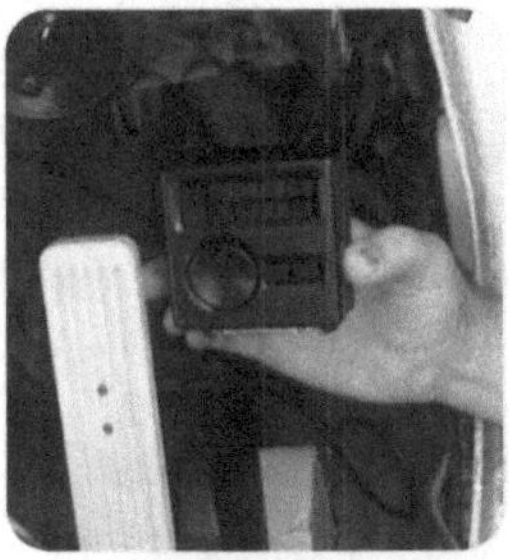

ILLUSTRACJA 4.27: UMIESZCZENIE SKRZYNKI ROZDZIELCZEJ
(Autor, 2013)

Po ustawieniu pedałów w zadowalającej pozycji, klawiatura nożna została utrzymana przez autora w pozycji umożliwiającej ustalenie odpowiedniej pozycji. Nie udało się jednak ustalić idealnej pozycji. Autor zdecydował więc, że regulowana podpora będzie cennym uzupełnieniem projektu.

Wyzwania:

Autor zauważył, że prototypowe przyciski wymagałyby pewnego zabezpieczenia przed kurzem i wilgocią, ponieważ użytkownik przy wejściu na symulator przenosiłby piasek z zewnątrz do klawiatury. Ponieważ prototyp został wykonany z tworzywa sztucznego, zauważono również, że użytkownik może skorzystać z solidniejszej konstrukcji, ponieważ niektóre przyciski wygięły się z pozycji i nie działały prawidłowo. Oznaczałoby to, że pewne funkcje, które powinny być aktywowane przez manipulator, nie mogłyby być wykonywane.

RYSUNEK 4.27: OGRANICZENIE MOŻLIWOŚCI WERYFIKACJI CZYTELNOŚCI EKRANU DOTYKOWEGO LED PRZEZ UŻYTKOWNIKA
(Autor, 2013)

Wraz z kontrolerem z klawiatury nożnej zamontowano ekran dotykowy z diodami LED, a czytelność ekranu poleceń została przetestowana i zatwierdzona przez Abdinor. Nie wyraziła żadnych obaw i okazała pewne podniecenie, ponieważ symulowane funkcje, wskazane przez nią podczas warsztatów wstępnych obserwacji, zostały wykorzystane do przetestowania wyświetlacza. Jedyną funkcją, która wyróżniała się przede wszystkim, była możliwość sterowania urządzeniem klimatyzacyjnym, ponieważ zostało ono usunięte z jej własnego pojazdu, aby pomieścić adaptacyjny układ kierowniczy.

RYSUNEK 4.28: UMIESZCZANIE PRZYCISKU BIPERA Z FUNKCJĄ DODATKOWĄ

(Autor, 2013)

Po przetestowaniu wyświetlacza LED został zamontowany i przetestowany przycisk brzęczyka z funkcją drugorzędną. Zauważono, że przycisk może być zamontowany bezpośrednio na konsoli środkowej tapicerki powłoki symulatora.

Wyzwania:

Autor zauważył, że przycisk nie odpowiadał dokładnie na dane wprowadzone przez użytkownika; sprzęt znajdujący się wewnątrz przycisku musiał zostać sprawdzony przez inżyniera elektryka.
Siłownik sterujący dżojstika został umieszczony w wygodnej pozycji na ramieniu Abdinora, a następnie oznaczony na drzwiach. Drzwi zostały następnie wzmocnione, aby dostosować je do dodatkowego ciężaru kontrolera.

RYSUNEK 4.29: SPRAWDZANIE POŁOŻENIA STEROWNIKA DŻOJSTIKA

(Autor, 2013)

Wyzwania:

Waga pucharu dżojstika, jak również długość 2 "rogów" były przedmiotem troski zarówno autora, jak i Abdinora. Wysokość "rogów" i ogólne materiały użyte do produkcji kubka dżojstika musiałyby zostać zmienione.

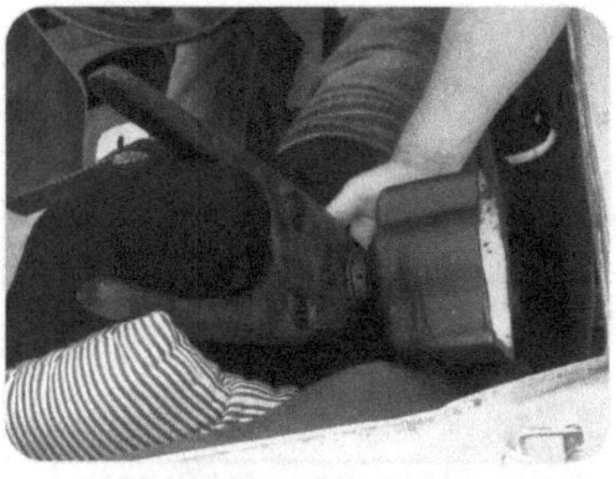

RYSUNEK 4.30: SPRAWDZANIE DOPASOWANIA STEROWNIKA DŻOJSTIKA
(Autor, 2013)

Preferowane położenie kubka dżojstika zostało przeniesione na drzwi poprzez umieszczenie go pod ramieniem Abdinora i zaznaczenie pozycji i orientacji na ramie drzwi. Uchwyty wzmacniające zostały przymocowane do panelu drzwi, aby dostosować je do siły wywieranej na drzwi podczas korzystania z joysticka sterującego.

Gromadzenie danych w drodze obserwacji było niezbędne podczas warsztatów fitnessu. W związku z tym po zakończeniu warsztatów montażowych poproszono osobę trzecią o wykonanie nagrania audiowizualnego do wglądu. Procedury te zostały przeprowadzone w celu zapewnienia triangulacji, zgodnie z zaleceniami Thomasa (2011). Celem obserwacji triangulacyjnej jest uzyskanie jak najszerszego zrozumienia w odniesieniu do adaptacyjnych pomocy wspomagających prowadzenie pojazdów zaprojektowanych na potrzeby symulatora. Ponieważ dane zostały zebrane, można było przeprowadzić drugi cykl refleksji.

4.2.7 Cykl 2 - Odbicie:

W tej fazie Cyklu 2 zespół zastanawiał się nad wyzwaniami, przed którymi stanął podczas warsztatów montażu prototypu obserwacyjnego. Wyzwania projektowe zostały rozwiązane poprzez uporządkowanie danych w tabeli, przeglądanie ich i odnotowanie zmian, które należy wprowadzić w projektach pomocy adaptacyjnej. W świetle tych zmian rozważono inny warsztat montażowy, w którym zainstalowano by pomoce adaptacyjne na symulatorze i przeprowadzono by rzeczywisty test na prawo jazdy. To byłby ostatni cykl PD.

TABELA 4.3: ITERACJE PROTOTYPU POMOCY ADAPTACYJNEJ

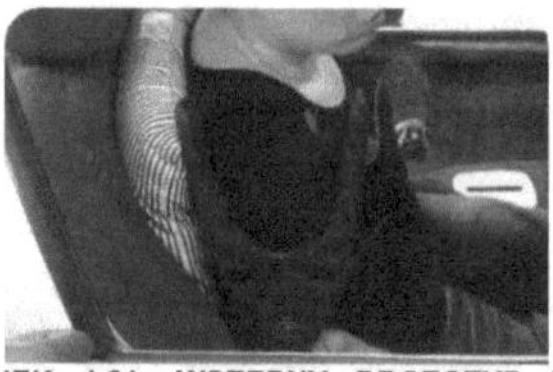

RYSUNEK 4.31: WSTĘPNY PROTOTYP KUBKA DŻOJSTIKA

(Autor, 2013)

Wyzwania:

Waga pucharu dżojstika, jak również długość dwóch "rogów" były przedmiotem troski zarówno autora, jak i Abdinora. Wysokość "rogów" i ogólne materiały użyte do produkcji kubka dżojstika musiałyby zostać zmienione. Preferowane położenie kubka dżojstika zostało przeniesione na drzwi poprzez umieszczenie go pod ramieniem Abdinora i zaznaczenie pozycji i orientacji na ramie drzwi. Uchwyty wzmacniające zostały przymocowane do panelu drzwi, aby dostosować je do siły wywieranej na drzwi podczas korzystania z joysticka sterującego.

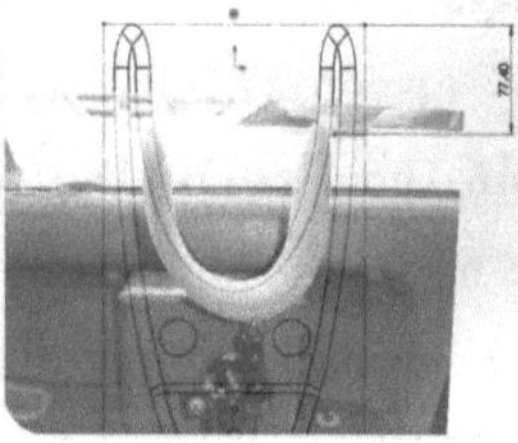

RYSUNEK 4.32: RÓŻNICA WYSOKOŚCI

(Autor, 2013)

Iteracja projektu:

Waga: Materiał kubka dżojstika został zmieniony na włókno węglowe. Pozwoliło to na uzyskanie wytrzymałości i niewielkiej wagi.

Wysokość: Rzeczywista różnica wysokości pomiędzy oryginalnym kubkiem dżojstika używanym przez Abdinor a nowym projektem wynosiła 78 mm. Tak więc iteracja projektu wymagała skrócenia kubka dżojstika "rogi".

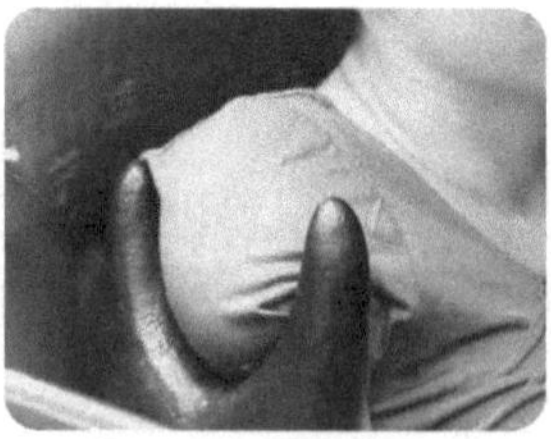

RYSUNEK 4.32: LŻEJSZY KUBEK DŻOJSTIKA

(Autor, 2013)

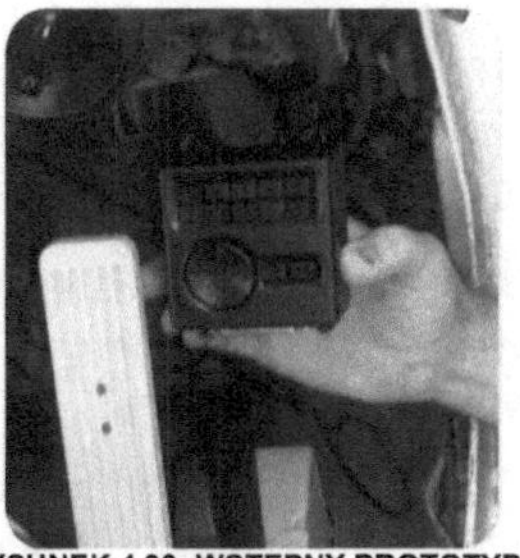

RYSUNEK 4.33: WSTĘPNY PROTOTYP KONTROLERA PODUSZKI NOŻNEJ

(Autor, 2013)

Wyzwania:

Autor zauważył, że prototypowe przyciski będą wymagały pewnego zabezpieczenia przed kurzem i wilgocią, ponieważ użytkownik przy wejściu do symulatora przenosił piasek z zewnątrz na klawiaturę. Ponieważ prototyp został wykonany z tworzywa sztucznego, zauważono również, że użytkownik może skorzystać z solidniejszej konstrukcji, niektóre przyciski wygięły się z pozycji i nie działały prawidłowo, a niektóre funkcje uruchamiane przez klawiaturę nie mogły być realizowane.

RYSUNEK 4.35: ULEPSZONY PROJEKT BUTLI

(Autor, 2013)

Aby uniknąć zabrudzenia przycisków sterowania nożnego, standardowe, pyłoszczelne i wodoodporne przyciski zostały pozyskane od dostawcy, a następnie wykorzystane do zmiany konstrukcji sterownika footpada bez zmiany układu lub ogólnych wymiarów.

ILLUSTRACJA 4.34: MONTAŻ REGULOWANY KONTROLERA PODKŁADKI NOŻNEJ

(Autor, 2013)

Aby sprostać wyzwaniu związanemu z montażem kontrolera footpada, zaprojektowano i zamontowano regulowany uchwyt do puszki z pedałami.

RYSUNEK 4.36: ORYGINALNE STANOWISKA PEDALI

(Autor, 2013)

RYSUNEK 4.37: ZMIENIONE POŁOŻENIE PEDAŁU Z REGULOWANĄ KLAWIATURĄ

(Autor, 2013)

Jak wspomniano wcześniej, odległość między pedałami była przedmiotem troski Abdinora. Te dodatkowe pozycje montażowe zostały dodane do aluminiowych pedałów.

Skrzynka na pedały jest teraz wyposażona w regulowane pedały oraz regulowaną klawiaturę.

Tabela 4.3 zawiera podsumowanie zmian projektowych wymaganych w tym cyklu procesu projektowania PD. W ramach 3. i ostatniego cyklu PD zaplanowano kolejne warsztaty obserwacyjne. W następnej części zostanie omówiony cykl 3 procesu PD.

4.2.8 Cykl 3 - Planowanie:

Pierwsza faza tego cyklu polegała na zaplanowaniu ostatniej iteracji dla projektu symulatora: podjęciu decyzji o procesach, które zostaną wykorzystane do oceny działania symulatora w ramach wytycznych studium przypadku Universal Design. Abdinor zostałby poproszony o korzystanie z symulatora przez dłuższy czas, a filmowanie odbywałoby się za pomocą galaktycznej tabletki. Przegląd danych zgromadzonych w Cyklu 2 i dokonanie odpowiednich iteracji projektowych było częścią tego cyklu planowania. Poniższa tabela ilustruje ostatnie iteracje projektu przed dopasowaniem pomocy adaptacyjnych do powłoki symulatora.

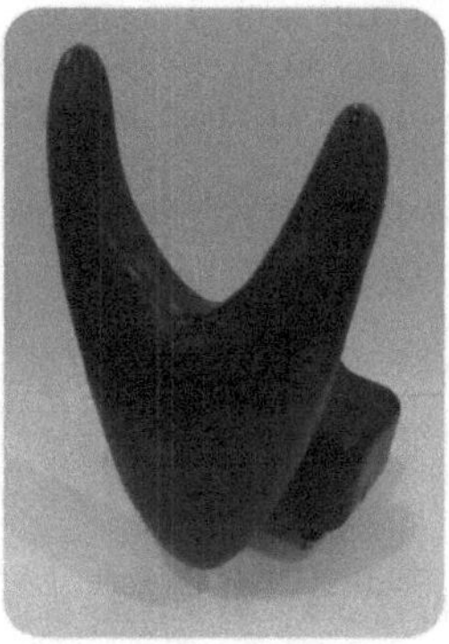

RYSUNEK 4.38: ZAPOBIEGANA STRATEGIA JOYSTYCZNA

(Autor, 2013)

Opis:

Końcowy projekt pucharu dżojstika charakteryzuje się krótszą długością "rogu". Materiały użyte do produkcji kubka to włókno węglowe i aluminium na plastikowej podstawie. Pozwoliło to na uzyskanie lekkiego i jednocześnie wytrzymałego kubka.

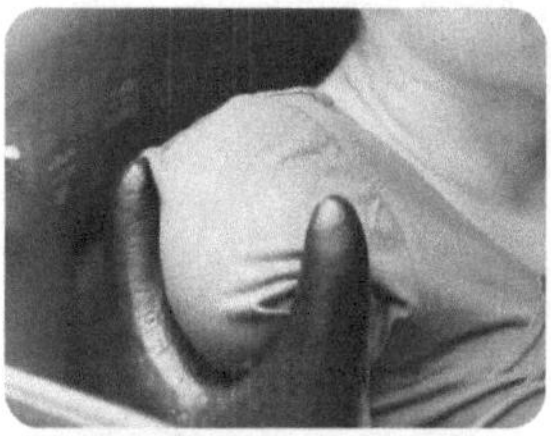

RYSUNEK 4.39: ZMODYFIKOWANY UKŁAD KIEROWNICZY Z JOYSTICKIEM

(Autor, 2013)

Kształt miseczki dżojstika został wybrany przez naśladowanie oryginalnego kształtu dżojstika Abdinora, zapewniając tym samym komfortowe dopasowanie.
Abdinor przetestował ten nowy kubek dżojstika i był zadowolony z mniejszej wagi i łatwości poruszania się.

RYSUNEK 4.40: STEROWNIK PODUSZKI NOŻNEJ

(Autor, 2013)

Opis:

Ostatnia iteracja na kontrolerze klawiatury nożnej polegała na zmianie kształtu zewnętrznej powłoki poprzez nadanie jej zaokrąglonych narożników. Autorka zauważyła, że Abdinor zsuwa stopę z pedału gazu na touchpad, dzięki czemu konstrukcja o zaokrąglonym kształcie jest bardziej przyjazna dla użytkownika.
Wodoszczelne i pyłoszczelne przyciski zostały obszyte laserem i zastosowane w tym sterowniku w celu zapewnienia długiej żywotności.

ILLUSTRACJA 4.41: UCHWYT REGULOWANY KONTROLERA PODKŁADKI NOŻNEJ

(Autor, 2013)

Wraz z przyciskiem i ogólnymi zmianami kształtu, kontroler podkładki został wyposażony w regulowane mocowanie, które pozwoliło Abdinorowi na umieszczenie kontrolera w odległości do 3 mm od pedału przyspieszenia, zapewniając w ten sposób szybkie działanie obu.

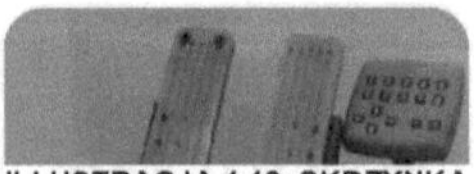

ILLUSTRACJA 4.43: SKRZYNKA NA PEDAŁY Z ULEPSZONĄ POZYCJĄ MONTAŻU NA PEDALE I REGULOWANYM MOCOWANIEM ZA POMOCĄ KLAWIATURY

(Autor, 2013)

Jak wspomniano powyżej, odległość między pedałem hamulca a pedałem gazu okazała się być wyzwaniem dla Abdinor. Wyzwaniu temu zaradzono poprzez zmianę otworów montażowych w pedałach, co pozwoliło na zbliżenie pozycji montażowej do siebie.

Jak widać, kompletna skrzynka na pedały posiada regulowany sterownik pedału w niewielkiej odległości od pedału przyspieszenia i blisko zamontowany pedał hamulca.

4.2.9 Cykl 3 - Działać/Uważać:

W miejscu, w którym miał miejsce cały rozwój symulatora, zaplanowano warsztaty obserwacyjne. Abdinor znał tę scenerię, dlatego nie zgłoszono żadnych zastrzeżeń co do dyskretnego testowania symulatora. Dla tego kroku, Abdinor był obserwowany przy użyciu symulatora, z zainstalowaną najnowszą wersją pomocy adaptacyjnych, przez dłuższy okres czasu. Została poproszona o komentarz na temat doświadczeń związanych z korzystaniem z symulatora.

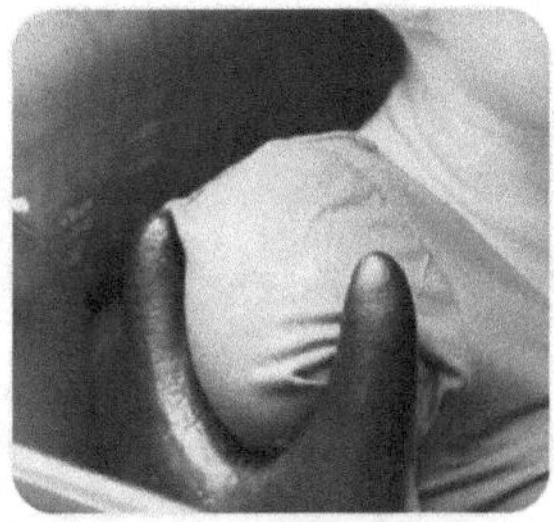

RYSUNEK 4.44: OBSERWACJA DOPASOWANIA KIELICHA KIEROWNICY DŻOJSTIKA I JEGO FUNKCJI

(Autor, 2014)

Zastosowany w symulatorze joystick został przetestowany w Abdinorze. Mogła przesuwać kubek dżojstika w pełnym zakresie ruchów wymaganych do kierowania pojazdem.

RYSUNEK 4.45: WYBÓR SYMULATORA ŚRODOWISKA JAZDY I POJAZDU

(Autor, 2014)

Abdinor zauważył, że kształt miseczki pasuje do niej bardzo dobrze. Podczas gdy ona testowała sterowanie dżojstikiem, była również rozkojarzona obserwując kontroler footpada, pedały nożne, a także klaster przełącznika pedałów i czerwony przycisk bipera. Było to zadowalające spostrzeżenie ze względu na jej komentarz dotyczący znajomości symulatora w porównaniu z jej własnym pojazdem. Następnie wszystkie kontrole zostały przetestowane i ocenione. Niestety, tylko niektóre kontrole mogły być filmowane ze względu na ochronę IP.

RYSUNEK 4.46: KORZYSTANIE Z KLAWIATURY

(Autor, 2014)

Abdinor wybrała konkretne funkcje za pomocą kontrolera footpad'a, używając prawej stopy zakrytej w skarpetce. Przyciski kontrolera zostały zagłębione, aby umożliwić jej łatwą lokalizację bez wizualnego potwierdzenia. Okazało się to sukcesem, ponieważ Abdinor szybko zapamiętał układ przycisków i był w stanie używać kontrolera bez zrywania kontaktu wzrokowego z ekranem symulatora.

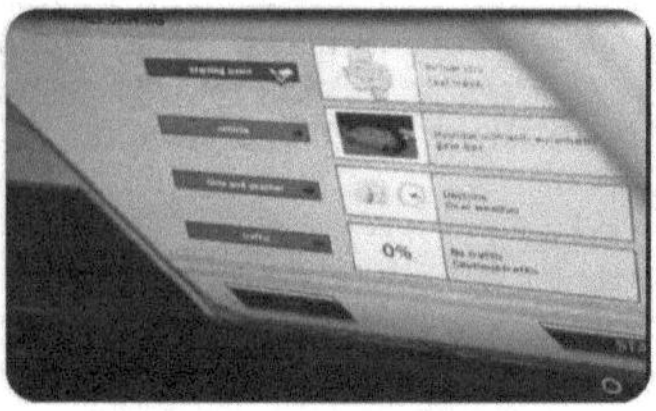

RYSUNEK 4.47: WYBÓR ŚRODOWISKA JAZDY

(Autor, 2014)

Instruktor nauki jazdy wybrał otoczenie, w którym prowadzona jest jazda, korzystając z pomocy Abdinor, który mógł wybrać różne modele pojazdów, ustawić kolor pojazdu itp.

Można również wybrać tablicę rejestracyjną ucznia. Cechy, takie jak pogoda i stan dróg, wraz z natężeniem ruchu i pieszych, pozwoliły na uzyskanie realistycznych wrażeń z jazdy, a także wybór różnych poziomów szkolenia.

Pierwszym ćwiczeniem podczas jazdy, które przeprowadził Abdinor, było cofanie pojazdu. Musiała wybrać bieg za pomocą przełącznika na pedale, zwolnić hamulec bezpieczeństwa i wyciągnąć się z miejsca parkingowego na wstecznym biegu.

RYSUNEK 4.48: ZAWRACANIE DO TYŁU I PARKOWANIE Z WYKORZYSTANIEM WSZYSTKICH FUNKCJI, JAK W PRZYPADKU KONWENCJONALNEGO POJAZDU

(Autor, 2014)

RYSUNEK 4.49: WYBÓR PRZEKŁADNI I HAMULCÓW AWARYJNYCH

(Autor, 2014)

Klaster przełączania pedałów został zaprojektowany tak, aby symulować system trójdźwiękowej zmiany biegów, co oznacza, że użytkownik musiałby tylko dotknąć przełącznika biegu, aby przesunąć go do następnej pozycji. Według Abdinor to ulepszenie projektu w stosunku do oryginalnego systemu okazało się sukcesem, ponieważ mogła ona teraz skupić się na jeździe, zamiast martwić się o wybranie żądanej pozycji biegu. Hamulec bezpieczeństwa działał na podobnej zasadzie. Abdinor może aktywować i dezaktywować przerwę awaryjną za pomocą przycisku.

RYSUNEK 4.50: REALISTYCZNE ŚRODOWISKO JAZDY

(Autor, 2014)

Po około 15 minutach korzystania z symulatora przez Abdinor, autorka zapytała, czy doświadczyła mdłości lub dezorientacji. Autorka była zaskoczona słysząc, że nie doznała takich wrażeń. Chociaż dokładna przyczyna choroby symulatora nie została zbadana w ramach badań, autor założył, że zaprojektowanie symulatora jak najbliżej realistycznego pojazdu ograniczyłoby efekt choroby symulatora. Ten wybór projektu skorzystałby z dalszych badań

ILLUSTRACJA 4.51: STEROWNIK WYKORZYSTUJĄCY EKRAN DOTYKOWY Z DIODAMI LED JAKO WIZUALNĄ INFORMACJĘ ZWROTNĄ PRZY WYBORZE FUNKCJI ZE STEROWNIKIEM Z KLAWIATURY

(Autor, 2014)

ILLUSTRACJA 4.52: STEROWNIK PODUSZKI NOŻNEJ I PEDAŁY

(Autor, 2014)

Podczas ćwiczenia na symulatorze jazdy Abdinor wykorzystał również ekran dotykowy LED jako wizualne potwierdzenie wybranych funkcji. Wybrano te funkcje, które były związane z jazdą. Funkcje wybrane za pomocą klawiatury mogą być dezaktywowane za pomocą ekranu dotykowego LED lub sterownika klawiatury. Funkcje te obejmowały reflektory, klimatyzację, uruchamianie/wyłączanie silnika pojazdu i zagrożenia. To tylko lista funkcji wybranych do celów demonstracyjnych. W razie potrzeby można później dodać do sterownika dowolną liczbę funkcji. Jest to jedna z unikalnych cech tego symulatora, pozwalająca na nadanie mu, przez autora, charakteru produktu Universal Design.

RYSUNEK 4.53: REALISTYCZNE ŚRODOWISKO SYMULACYJNE DZIĘKI KADŁUBOWI NADWOZIA POJAZDU

(Autor, 2014)

Jak wspomniano wcześniej, karoseria symulatora reprezentowała rzeczywisty pojazd. Przyciemnione okna nie rozpraszały użytkownika przez otoczenie zewnętrzne. Po ustawieniu ćwiczenia na prowadzenie pojazdu instruktorzy mogą opuścić pojazd i obserwować go od tyłu, nie przeszkadzając użytkownikowi.

RYSUNEK 4.54: WIDOK OTWARTY OD TYŁU DO OBSERWACJI PRZEZ INSTRUKTORA

RYSUNEK 4.55: WIDOK INSTRUKTORA Z TYŁU SYMULATORA

Otwarty widok z tyłu symulatora umożliwia instruktorowi jazdy pełny widok zarówno na ekran symulatora, jak i na użytkownika. Przynosi to korzyści użytkownikom, ponieważ mogą oni skupić się na zadaniu, nie dając się zastraszyć obecnością trenera. Zgodnie z badaniami przypadków, pozwala to również na dyskretną obserwację sposobu, w jaki użytkownik kontroluje symulator w przypadku dalszych możliwości badawczych.

4.2.10 Cykl 3 - Odbicie:

Ten krok w procesie PD składał się z końcowych przemyśleń na temat wyników projektu symulatora. Ustalenia ze wszystkich trzech faz refleksji w ramach procesu PD zostały sformułowane w postaci kluczowych tematów, które są dalej omawiane w rozdziale 5.

5. ROZDZIAŁ PIĄTY: TEMATY KLUCZOWE

5.1 Wprowadzenie

W tym rozdziale zostaną omówione kluczowe tematy, które pojawiły się podczas projektowania symulatora. Wśród tych tematów, jak zauważono podczas indukcyjnej analizy danych, wyróżniają się następujące: rola i wpływ ograniczającego użytkownika oraz relacje międzyludzkie, które mają wpływ na projekt uczestniczący.

W trakcie całego procesu projektowania brano pod uwagę ważne kwestie podczas pracy z ograniczonym użytkownikiem. Czy praca z ograniczonym użytkownikiem przyniosła wiarygodny scenariusz użytkownika? Jaki wpływ na ten proces miał osobisty charakter i osobowość? Jakie wyzwania pojawiły się, gdy ograniczający użytkownik regularnie zmieniał zdanie? Projektowanie uniwersalne stanowiło ramy tego procesu, ponieważ promuje ono wykorzystanie w jak największej grupie użytkowników. Czy praca z ograniczonym użytkownikiem wpłynęła na ten schemat projektowania? Centralnym elementem ostatecznego rozwiązania projektowego była koncepcja modułowości, która wykracza poza pojedyncze, ograniczające wymagania użytkownika i przyczynia się do bardziej uniwersalnego projektowania.

Drugim tematem była refleksja nad wpływem interakcji międzyludzkich w ramach transdyscyplinarnej grupy badawczej. Meta-projektowanie mogło przełamać bariery w zespole projektowym, ale członkowie każdej z dziedzin nadal przyjmowali swój własny, specyficzny język i terminologię, które powodowały bariery interakcji. Bariery te zostały przezwyciężone przez podejście jednostek do celu, jakim jest zaprojektowanie symulatora. Podejście oparte na meta-projektowaniu pozwoliło członkom zespołu na zwiększenie własnych możliwości zawodowych. Zrozumienie wkładu każdego z członków zespołu w sukces projektu oraz tego, co wpłynęło na interakcję w trakcie całego procesu, jest ważne, ponieważ pomaga określić funkcjonowanie meta-zespołu projektowego.

5.2 Projekt uczestniczący i użytkownik z ograniczeniami

5.2.1 Czy ograniczający użytkownik jest rzeczywistym scenariuszem?

Podczas procesu PD z Abdinorem autor zdawał sobie sprawę, jak jedna osoba reprezentująca większą grupę ludzi może dyktować lub kierować rezultatem produktu końcowego, który w tym przypadku jest symulatorem. Ograniczający się użytkownik to członek populacji użytkowników, który ze względu na swoje cechy fizyczne nakłada najpoważniejsze ograniczenia na projekt produktu (Pheasant & Haslegrave, 2006:27). Rysunek 2.1pg 26 ilustruje piramidę osób o różnych zdolnościach fizycznych, od osób, które mogą wykonać wszystkie ADL-y, po osoby, które mogą wykonać tylko ograniczoną liczbę ADL-ów. Piramida ilustruje, że projektując dla osób z największym stopniem niepełnosprawności, najwięcej osób niepełnosprawnych jest w niej zakwaterowanych (Preiser & Ostroff, 2001).

Powyższa piramida pokazuje spektrum użytkowników w oddolnej, uniwersalnej metodologii projektowania.

- ***Wiersz 1*** reprezentuje ludzi, którzy są "sprawni i zwinni" i nie mają problemów z bieganiem, skakaniem, skakaniem i wspinaniem się po drabinach/chodach.

- *Wiersz 2* reprezentuje użytkowników, którzy są zwykłymi "sprawnie działającymi" ludźmi, którzy bez problemu korzystają z ogólnych obiektów i środowisk.
- *Wiersz 3* wprowadza reprezentację kobiet i dzieci - to tutaj "architekt zawodzi" jest odnotowywany w projektowaniu obiektów użytkowych.
- *Wiersz 4* przedstawia osoby starsze, jak również osoby z wózkami dziecięcymi.
- *Wiersz 5* reprezentuje "osoby niepełnosprawne w karetce".
- *Wiersz 6* reprezentuje niezależne osoby na wózkach inwalidzkich.
- *Wiersz 7* reprezentuje osoby korzystające z elektrycznych skuterów i wózków inwalidzkich, jak również osoby potrzebujące asystenta lub osoby towarzyszącej.
- *Wiersz 8* wskazuje te osoby, które potrzebują dwóch asystentów.

Chociaż proces PD został przeprowadzony ze względną łatwością, autor kwestionuje dane wejściowe uzyskane za pomocą podejścia ograniczającego użytkownika. W trzecim cyklu tego procesu Abdinor, reprezentujący użytkownika ograniczającego, zmienił zdanie na temat preferowanej pozycji dżojstika i sposobu jego działania. Osobami zaangażowanymi były autor, ograniczający użytkownika i inżynier elektryk. Podczas Cyklu 2 procesu PD przeprowadzono montaż urządzenia sterującego dżojstikiem i omówiono jego funkcjonalność z firmą Abdinor. Ona wybrała preferowane stanowisko. Jednak podczas 3. cyklu procesu PD, Abdinor poprosił o zmianę pozycji drążka kierowniczego, ponieważ nie jest on już wygodny.

Jak wspomniano w rozdziale trzecim, Yin et al. (2006) omawiają to wystąpienie sprzecznych danych uzyskanych od danej osoby w trakcie badania przypadku. Podczas przeprowadzania wywiadu w terenie wyniki mogą być sprzeczne z wynikami wywiadu przeprowadzonego wcześniej. Badacze zalecają, aby takie dane można było rozwiązać poprzez zebranie większej ilości danych: ankieter może zwrócić się do osoby trzeciej w celu uzyskania większej ilości informacji lub ponownej weryfikacji pierwszego uczestnika.

Problem sprzecznych danych został jednak rozwiązany poprzez porównanie notatek z cykli 2 i 3 procesu PD i umożliwienie Abdinor korzystania z symulatora przez dłuższy okres czasu, zanim proces obserwacji był kontynuowany przez autora. W rezultacie Abdinor czuł się komfortowo korzystając z dżojstika przez dłuższy okres czasu bez dalszych obaw. Podczas procesu indukcyjnej analizy danych, autor dokonał przeglądu dokładnych zdarzeń, które wystąpiły podczas obserwacji sprzecznych danych: Abdinor przesunął siedzenie pojazdu dalej do tyłu, niż wcześniej zarejestrowano. Ponieważ joystick został zamontowany na ramie drzwi, pozycja fotela kierowcy względem joysticka była ważnym elementem ergonomii adaptacyjnego układu kierowniczego. Tak więc, chociaż zaobserwowano konflikt danych, wynik był nadal zadowalający dla wszystkich praktycznych celów.

Autor zauważył, że należy zwrócić należytą uwagę na środowisko testowe podczas przeprowadzania testów przez użytkownika. Środowisko powinno być podobne w co najmniej trzech przypadkach gromadzenia danych w celu zapewnienia triangulacji danych (Yin et al., 2006). W celu osiągnięcia triangulacji, fotel kierowcy został ustawiony w nowej pozycji, a następnie przeprowadzono dalsze testy na pozycji joysticka. Abdinor potraktował proces dalszej obserwacji z pozytywnym nastawieniem. Można więc zadać pytanie, na ile sukces zaangażowania użytkownika ograniczającego w cykl PD zależy od osobowości lub charakteru uczestnika?

5.2.2. Jaki wpływ na proces projektowania miała osobowość i charakter?

Jak wspomniano, pojawienie się sprzecznych danych podczas obserwacji Abdinor doprowadziło do kolejnego nieformalnego wywiadu z nią, który przeprowadziła bez żadnych skarg. Zostało to zauważone jako kluczowy temat do dyskusji, ponieważ warsztaty obserwacyjne były zazwyczaj czasochłonne, a jednak Abdinor uczestniczył z zapałem.

Ocena wpływu charakteru i osobowości na postępy tego projektu jest trudna, ponieważ głównym celem badań było zbudowanie symulatora. Jednak w czasie obserwacji Abdinor autorka zwróciła uwagę na poziom akceptacji, pozytywne nastawienie do członków zespołu oraz cierpliwość, z jaką podchodziła do tego procesu na co dzień. Udowodniło to, że jej charakter umożliwił jej umieszczenie zespołu projektowego w osobistej przestrzeni. Poniższy cytat z jej tła rzuca światło na rodzaj osobowości i charakteru, jaki posiada (Abdinor, 2016:1):

"Wspierająca rodzina, dostęp do głównego nurtu edukacji i moja zdecydowana osobowość pomogły mi osiągnąć niezależność i pozytywne spojrzenie na życie. Urodziłem się bez rąk i ze skróconymi nogami (termin medyczny to Phocomelia). Chociaż nie było żadnego medycznego wytłumaczenia dla mojej niepełnosprawności, miałem szczęście, że moi rodzice byli zdeterminowani, aby mieć optymistyczny pogląd na moją przyszłość... Chodziłem do szkoły powszechnej i uczyłem się pisać prawą nogą. Byłam szczęśliwym i wychodzącym dzieckiem, biorącym udział w wielu zajęciach w szkole, m.in. w pływaniu, tenisie (trzymałam rakietę między brodą a ramieniem!) i dramacie. Dobrze sobie radziłem w nauce i zawsze byłem zmotywowany - nie sądzę, żeby moi rodzice musieli mi mówić, żebym odrabiał lekcje!"

To stwierdzenie wyraża jej stosunek do wyzwań. Pickens (2005) opisuje postawę jako nastawienie lub tendencję do działania w określony sposób wynikającą zarówno z indywidualnego doświadczenia, jak i temperamentu. Nasza postawa pomaga nam zdecydować, jak postrzegamy sytuację, a tym samym jak zachowujemy się wobec obserwowanej sytuacji (Pickens, 2005). Postawa Abdinor odegrała ważną rolę w sukcesie rozwoju symulatora dla tej pracy, ponieważ reprezentując szerszą grupę UD podczas projektowania i testowania symulatora, była przyjazna, pomocna i otwarta na sugestie autora. Sugestie te obejmowały zmiany w sposobie obsługi własnego pojazdu w porównaniu z symulatorem. Jedną z takich zmian było działanie joysticka sterującego. Układ symulatora został zaprojektowany na układzie drive-by-wire, w którym wszystkie pomoce adaptacyjne są podłączone do głównego sterownika za pomocą przewodów elektrycznych, które przekazują wejścia użytkownika do symulatora. Pojazd Abdinor używany do codziennych dojazdów do pracy posiadał joystick sterujący, którego obsługa opierała się na hydraulice. Oznacza to, że odczucie dżojstika w symulatorze było inne, a jednocześnie pełnił on tę samą funkcję. Autor uważa, że ze względu na pozytywne nastawienie Abdinora ten nowy dżojstik sterowniczy drive-by-wire może być intensywnie testowany. Gdyby Abdinor nie był skłonny wytrzymać trwających testów, dżojstik adaptacyjny mógłby nie zostać rozwinięty do tego stopnia, że mógłby zostać użyty w symulatorze.

5.2.3. Z jakimi wyzwaniami Abdinor regularnie zmieniała zdanie lub pomysły?

Chociaż Abdinor miała pozytywne nastawienie do procesu PD przeprowadzonego w ramach badań, obserwowanie jej ujawniło jej niezdecydowaną naturę.

Podczas [I] i [II] etapu cyklu PD opracowano projekt systemu, który wymagałby od niej uruchomienia hamulca bezpieczeństwa za pomocą przycisku włącznika nożnego. Aktywacja tego przycisku działałaby na tej samej zasadzie co system samochodowy tip-tronic. Układ trójkątny zmienia wybrany bieg przez wciśnięcie lub pociągnięcie przycisku; następnie bieg przesuwa się do zaprogramowanej pozycji. Hamulec bezpieczeństwa działał w tej samej fascynacji, jednak Abdinor nie wiedział, jak szybko system powinien aktywować hamulec ręczny, gdy pociągnął za przycisk.

Inny przykład dotyczył ergonomicznego rozmieszczenia dżojstika kierowniczego. Ponieważ fotel symulatora naśladuje rzeczywisty pojazd, zapewnia użytkownikowi różne pozycje jazdy, a celem jest niemęcząca i komfortowa jazda. Joystick sterujący został jednak zamontowany na prawych drzwiach symulatora i po zamontowaniu w pozycji nie był przeznaczony do przesuwania. Autor zauważył w różnych dniach podczas cykli PD 2 i 3, że Abdinor zażądał zmiany pozycji joysticka dla większego komfortu. Ponieważ wzbudziło to obawy co do praktycznego wykorzystania symulatora w sposób regularny, autor zwrócił się w tej sprawie do specjalisty antropometrycznego. Ze względu na ograniczony czas przeznaczony na badania autor zaleca dalsze badania nad konstrukcją i rozmieszczeniem dżojstika sterowniczego. Autor zauważył, że projekt nigdy nie jest ukończony; gdy jedno z wyzwań zostaje podjęte, powstają inne. "Jedyną rzeczą, która jest stała, jest zmiana" (Robinson, 2004:1). Autor jest zdania, że zgodnie z tym cytatem, jak sądził grecki filozof Heraklit, projektowanie nigdy nie będzie kompletne. Z punktu widzenia marketingu produktu, jak również biorąc pod uwagę wartość postrzeganą przez użytkownika, ta ciągła zmiana powinna zostać uwzględniona w projekcie (Gautam & Singh, 2008).

5.3 Konstrukcja wyrobu UD

5.3.1 Czy ograniczający użytkownik uzupełnia projekt UD?

W ramach wymagań projektowych i planowania wybrano ograniczające podejście do użytkownika, jak również podejście do projektowania uniwersalnego. Dysertacja ta została przeprowadzona w celu dostarczenia produktu, który, według UD, przyniesie korzyści jak największej liczbie osób. Stosowanie ograniczającego użytkownika w ramach studium przypadku metody badawczej wydawało się sprzeczne z wytycznymi UD. Definiowanie projektowania uniwersalnego sugeruje, że wszystkie elementy i przestrzenie powinny być dostępne i możliwe do wykorzystania przez wszystkich ludzi w możliwie największym stopniu (Dalcher, 2006). Jest to realizowane we wszystkich aspektach projektowania poprzez przemyślane planowanie z naciskiem na dostępność (Design, 1998:3). Centrum Projektowania Uniwersalnego, NC State University, określiło wytyczne dotyczące praktycznego zastosowania projektowania uniwersalnego, formułując siedem zasad projektowania uniwersalnego (Aslaksen) et al., 1997):

- **SPRAWIEDLIWE WYKORZYSTANIE**
- Elastyczność w użytkowaniu

- Proste i instytucjonalne zastosowanie
- Informacje spostrzegawcze
- Tolerancja błędu
- Mały wysiłek fizyczny
- Rozmiar i miejsce na podejście w użyciu

W trakcie procesu PD autor doświadczył konfliktu między podejściem "użytkownika ograniczającego" a wytycznymi UD. Abdinor zażądał, aby pedały hamulca i gazu używane w symulatorze były ustawione bliżej siebie. Rozumowanie polegało na szybkim przejściu z pedału przyspieszenia do pedału hamulca, co było zrozumiałe z punktu widzenia użytkownika (Abdinor, 2015). Jednakże, mając na uwadze zasady projektowania UD, autor zdecydował się przyjąć Abdinor tylko do tego stopnia, aby iteracja projektu uzupełniała wymagania UD. Chociaż użytkownik ograniczający miał ważną rolę do odegrania w pomaganiu autorowi i zespołowi projektowemu w opracowaniu systemu adaptacyjnego, kryteria UD również odegrały ważną rolę w wyborach dokonywanych przez autora podczas tego badania. Autor dowiedział się, że w projektowaniu wymagany jest kompromis.

5.3.2 Modułowość jako pojazd do projektowania uniwersalnego?

Ponieważ Universal Design otrzymał priorytet w tej pracy doktorskiej, podejście "ograniczające użytkownika" posłużyło do zaprojektowania systemu adaptacyjnego. Interfejs zawierał jednak pewne części specyficzne dla ograniczającego użytkownika. Stanowiło to wyzwanie dla innych osób, które w przyszłości będą korzystać z symulatora. Aby sprostać wyzwaniom związanym z dostosowaniem interfejsów do indywidualnych potrzeb, modułowe podejście w projektowaniu systemu adaptacyjnego pozwala na wykorzystanie symulatora przez jak największą liczbę osób. System adaptacyjny składa się z głównego sterownika i ekranu LED, które komunikują się ze sprzętem i oprogramowaniem symulatora; wszystkie pozostałe sterowniki adaptacyjne są demontowalne, jeśli jednak potrzebny jest sterownik adaptacyjny inny niż dostępny, taki sterownik musiałby być zaprojektowany specjalnie dla systemu. Oprócz opracowania adaptacyjnych systemów wspomagających prowadzenie pojazdu, symulator miał jednak inne zalety.

5.3.3 Szkolenie wykraczające poza sam symulator?

Podczas budowy symulatora autor zauważył zainteresowanie Abdinora nowymi pomocami adaptacyjnymi opracowanymi na potrzeby symulatora. Autor zakwestionował zatem funkcję symulatora jako platformy szkoleniowej dla kierowców samochodowych. Badania przeprowadzone na Uniwersytecie w Alabamie wykazały, że szkolenie na symulatorze wykracza poza samo szkolenie lub rehabilitację jako dane ćwiczenie (Roenker i in., 2003:218). W trakcie korzystania z symulatora, autor uświadomił sobie, że każdy członek zespołu, w tym Abdinor, zdobył doświadczenie w komunikacji ze sobą. Obserwacja ta została dokonana w trakcie pełnego przebiegu cykli PD. Podczas pierwszego cyklu PD zaangażowani inżynierowie rzadko komunikowaliby się z Abdinor. Planowanie odbywało się oddzielnie. W miarę rozwoju projektu, inżynierowie w szczególności uczestniczyli w rozmowach z Abdinor. To, co było unikalne w tych rozmowach, to użycie terminologii właściwej dla każdej dyscypliny oraz to, jak przyjęcie różnych terminologii pomogło przełamać bariery komunikacyjne. Do zmiany terminologii doszło podczas 3 fazy cyklu PD, kiedy to student elektrotechniki rozmawiał bezpośrednio z firmą Abdinor na temat funkcjonalności joysticka. Abdinor wziął udział w rozmowie udzielając inżynierowi informacji zwrotnej.

Autor zauważył, że inżynier używa terminów laickich zamiast inżynierskich. Umożliwiło to Abdinorowi stosunkowo łatwy udział w dialogu. Poza ograniczeniami komunikacyjnymi, członkowie zespołu nie zawsze byli profesjonalistami w swojej dziedzinie. Tak więc projekt symulatora i budowa stanowiły platformę dla studentów studiów licencjackich zaangażowanych w celu zdobycia cennego doświadczenia praktycznego przed wejściem do środowiska kariery korporacyjnej. Ponadto, projekt ten stworzył również możliwość budowania sieci wykwalifikowanych specjalistów. Badanie to wykazało, że chociaż symulator miał być produktem do szkolenia kierowców, to jednak uzyskano różne inne korzyści dotyczące multidyscyplinarnej pracy zespołowej, budowania potencjału zawodowego i doświadczenia praktycznego dla zaangażowanych studentów.

5.4 Meta-projektowanie i zespół

5.4.1 Bariera językowa w różnych dyscyplinach

W ramach każdej dyscypliny osoby uczą się używać terminologii związanej z tą dyscypliną. Uzasadnieniem tej praktyki jest zapewnienie skutecznej komunikacji w ramach dyskursu danego kierunku studiów. Pellmar i Eisenberg (2000) zauważają, że naukowcy kształceni w określonej dyscyplinie uczą się używać terminologii właściwej dla ich dziedziny i przyjmują analityczne i metodologiczne konstrukcje, które rosły wraz z tą dyscypliną. Praktyka ta ma na celu rozwój socjalizacji zawodowej, ale może stanowić przeszkodę dla projektów interdyscyplinarnych, takich jak prowadzone w tym projekcie badawczym (Pellmar & Eisenberg, 2000). Somerville (1998:43) stwierdza, że

Mówimy językiem naszej dyscypliny, co rodzi dwa problemy: po pierwsze, możemy nie rozumieć języków innych dyscyplin; po drugie, co bardziej niebezpieczne, możemy myśleć, że je rozumiemy, ale tego nie robimy, ponieważ choć w różnych dyscyplinach używa się tych samych terminów, w każdej z nich znaczą one coś zupełnie innego".

Przykładem tego zjawiska w teorii projektowania było użycie terminów metaprojektowanie, ograniczające użytkownika i projektowanie uniwersalne do opisania konkretnych pojęć stanowiących podstawę teoretycznych ram tych badań. Podczas praktycznych ćwiczeń projektowych terminy te nie zawsze były używane ze względu na interdyscyplinarne bariery językowe.

Ponieważ w projektowaniu symulatora uczestniczyły zainteresowane strony z różnych dyscyplin, każda z nich na co dzień stosowała własną terminologię i ramy rozumienia. Często podczas spotkań zespołu trzeba było wyjaśniać i omawiać używane terminy. W miarę postępu badań, autor obserwował, że członkowie zespołu komunikują się swobodniej, nie posługując się językiem swojej dyscypliny. Wszyscy członkowie zespołu starali się używać powszechnie rozumianego języka. Jeden z takich przypadków był widoczny podczas trzeciego cyklu PD, kiedy inżynier rozmawiał z Abdinor podczas korzystania z platformy symulatora. Rozmowa odbywała się bez wykorzystania wiedzy specjalistycznej z danej dziedziny. (Patrz zdjęcie 5.3.1.)

RYSUNEK 5.1: INŻYNIER W ROZMOWIE Z OGRANICZONYM UŻYTKOWNIKIEM

(Foulkes, 2015)

5.4.2 Stosunek do członków zespołu

W związku z tym, że język używany przez różnych członków zespołu uległ zmianie, autor zauważył również zmianę postawy ŧ wśród członków zespołu. Postawa jest nastawieniem myślowym lub tendencją do działania w określony sposób, wynikającym zarówno z indywidualnego doświadczenia, jak i temperamentu (Pickens 2005). Pickens opisuje kształtowanie się postaw w swojej książce "Attitudes and Perceptions": Efekty uczenia się". Utrzymuje on, że postawy kształtują się w wyniku bezpośrednich doświadczeń z ludźmi, modelowania innych i uczenia się. Punkty te uzupełniają to, co autor zaobserwował w całym okresie tego badania. Doświadczenia poznawcze wpływają na postawę osoby, która ma te doświadczenia, a także są kształtowane przez jego makijaż emocjonalny (Pickens 2005). Według Pickensa, można dostarczyć członkowi zespołu z innego środowiska wystarczająco dużo informacji, aby zrozumieć nową sytuację i być w stanie dokonać świadomego wyboru. Przykładem tego było rozpoczęcie projektu w pierwszej fazie planowania. Autor zaobserwował zawodowy dystans pomiędzy członkami zespołu. Jako projektant, autor musiał pośredniczyć między członkami zespołu. Według Pickensa, ten proces mediacyjny wspomaga zmianę postawy w zespole. Zespół inżynierów skupiałby się na zadaniach i funkcjach związanych z ich dyscypliną i kwestionowałby stwierdzenia związane z produktem, które wydawałyby się sprzeczne z ich doświadczeniem i wiedzą Nie mogliby oni ćwiczyć rozumienia członka zespołu z różnych dyscyplin z jego unikalnym punktem widzenia i na odwrót. Wraz z postępem projektu zmienił się nieco nietolerancyjny stosunek do Abdinor i innych zainteresowanych stron, ponieważ każdy z nich zdawał sobie sprawę z roli i znaczenia innych dyscyplin. Autor uważa, że świadomość ta powstała dzięki czasowi spędzonemu wspólnie jako zespół meta-design (Fischer,

2003:2). Ponieważ badanie dobiegło końca, autor doszedł do wniosku, że jego sukces należy przypisać różnym dyscyplinom współpracującym ze sobą, komunikującym się z mniejszą powściągliwością i lepszym zrozumieniem, z których każda pełni rolę w budowaniu produktu, który dotyczy więcej niż jednej dyscypliny. Sugestią do dalszych badań byłoby wyzwanie stworzenia idealnych warunków do zmiany postawy zawodowej. Rozwój zdolności zawodowych

W tej rozprawie doktorskiej zdolności zawodowe są wykorzystywane w odniesieniu do wzrostu umiejętności, który miał miejsce w wyniku współpracy badawczej w wielodyscyplinarnym zespole. Według Thomasa Humphreya (1999), budowanie potencjału zawodowego to proces rozwijania nowej umiejętności lub poszerzania istniejącej wiedzy, która jest niezbędna do pomyślnego wykonania zadania. Chociaż celem tej pracy doktorskiej jest zbadanie symulatorów dla kierowców o różnym stopniu sprawności, to jednak budowanie potencjału zawodowego nastąpiło w wyniku zastosowania podejścia opartego na metaprojekcie (Humphrey, 1999).

Z punktu widzenia autora, interesariusze, którzy wzięli udział w projekcie, rozwinęli swoje umiejętności zawodowe ze względu na zróżnicowany charakter zespołu. Z definicji meta-zespoły projektowe lub multidyscyplinarna praca zespołowa to współpraca naukowców posiadających wiedzę specjalistyczną w różnych dziedzinach. Duma z własnej dyscypliny może prowadzić do mniejszego postrzegania innych dyscyplin (Wilbanks, 1986). Zespół meta-projektantów może pracować razem, pod warunkiem, że każdy interesariusz lub członek zespołu rozumie i docenia wartość i ograniczenia swojej własnej dyscypliny, jak również dyscypliny innych członków zespołu (Donaldson, 1999; Pellmar i Eisenberg, 2000).

To docenienie wartości i ograniczeń stało się oczywiste w związku z niezbędną pracą zespołową, która rozwinęła się w trakcie procesu PD tego projektu. Inżynierowie nauczyli się doceniać wkład Abdinora. Podczas procesu projektowania symulatora została ona poddana szczegółowej analizie inżynierskiej niezbędnej do prawidłowego funkcjonowania wyrobu. Każdy z członków zdobywał doświadczenie i zabierał ze sobą lepsze zrozumienie produktu UD zaprojektowanego i skonstruowanego przez zespół meta-projektantów praktykujących PD za pomocą metody studium przypadku.

5.5 Podsumowanie

Kilka kluczowych tematów zostało odnotowanych podczas faz indukcyjnej analizy danych w rozdziale czwartym. Jeden z tematów odnosi się do relacji pomiędzy PD a użytkownikiem ograniczającym. Chociaż konflikt w wynikach badań był oczywisty, zadowalający wynik końcowy został osiągnięty dzięki dalszym badaniom. Część sukcesu w wykorzystaniu ograniczającego użytkownika do badań można przypisać osobowości i charakterowi. Postawa użytkownika ograniczającego stanowiła pozytywny wkład w proces badawczy i jego pozytywne wyniki. Abdinor zmieniła jednak zdanie przy okazji, co obciążyło proces projektowania. Proces projektowania został przeprowadzony przy użyciu podejścia Universal Design z ograniczającym się użytkownikiem, a zatem, gdy ograniczający się użytkownik był w konflikcie z wytycznymi UD, te ostatnie były traktowane priorytetowo.

Inny temat dotyczy podejścia modułowego, będącego również częścią wytycznych/ram UD, które zostały podjęte przy projektowaniu symulatora. Modułowość stała się więc w tym projekcie nośnikiem dla UD. Chociaż badanie zostało przeprowadzone z ograniczonym użytkownikiem, modułowość pozwoliła na stworzenie platformy symulacyjnej, która mogłaby być wykorzystana dla różnych sterowników o różnym stopniu zaawansowania. Zostałoby to osiągnięte poprzez zmianę sterowania adaptacyjnego stosowanego w symulatorze.

Kolejny temat związany jest z charakterem badań, które opierały się na meta-projektowym podejściu zespołowym. Chociaż zaobserwowano wyzwanie w odniesieniu do barier językowych specyficznych dla danej dyscypliny, zespół dobrze funkcjonował dzięki zmianie postawy po zrozumieniu znaczenia zespołu multidyscyplinarnego. Ze względu na zmienione postawy i wielodyscyplinarne podejście zespołowe, symulator wniósł cenne spostrzeżenia i wiedzę do projektu symulatorów dla kierowców o różnym stopniu zaawansowania, a także wzbogacił/rozszerzył możliwości zawodowe zainteresowanych stron.

6. ROZDZIAŁ 6: WNIOSKI I ZALECENIA

6.1 Wprowadzenie

W tym rozdziale omówione zostaną wnioski, wkład w projektowanie uniwersalne w symulatorach oraz obszary dalszych badań określone w niniejszej pracy. Opracowanie zawiera metodologiczne połączenie zasad i parametrów studium przypadku choroby w celu stworzenia studium przypadku choroby. We wnioskach zbadane zostaną główne ustalenia projektowe, jak również implikacje kluczowych tematów wymienionych w rozdziale 5. Kluczowymi tematami są:

- PD i użytkownik z ograniczeniami
  - ***Czy ograniczający się użytkownik to prawdziwy scenariusz?***
  - ***Jaki wpływ na proces projektowania miała osobowość i charakter?***
  - ***Jakie wyzwania napotkano, gdy ograniczający użytkownik regularnie zmieniał zdanie lub pomysły?***
-
- Projektowanie produktów UD
  - ***Czy ograniczenie użytkownika jest komplementem Universal Design?***
  - ***Modułowość jako pojazd do projektowania uniwersalnego?***
  - ***Trening poza symulatorem?***
-
- Meta Design i zespół
  - ***Bariera językowa pomiędzy różnymi dyscyplinami.***
  - ***Postawa wobec członków zespołu?***
  - ***Rozwój zdolności zawodowych?***
-

Nie wszystkie obszary związane z kluczowymi tematami wymienionymi powyżej mogłyby zostać uwzględnione; dlatego też przedstawiono do rozważenia ograniczenia, jak również zalecenia dotyczące dalszych badań. Poniższa mapa rozpraw ilustruje trzeci cykl badań nad studiami przypadków, powracając do celu i podejścia do przyszłych studiów.

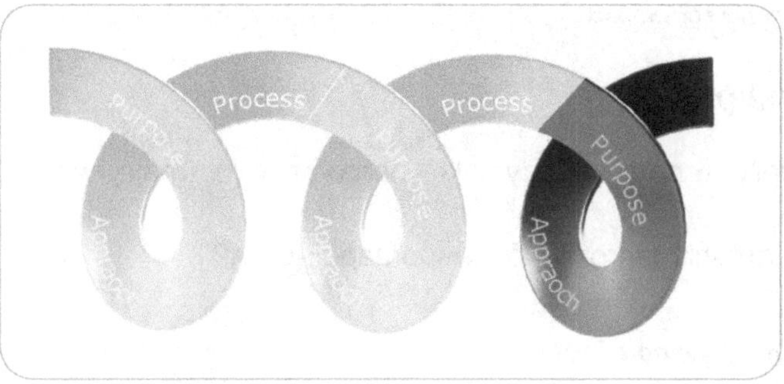

RYSUNEK 6.1: KLUCZ MAPY DEZERCJI

(Opracowany przez autora według ustaleń Thomasa, 2011)

6.2 Cele badawcze

Głównym celem badawczym było zaprojektowanie i zbudowanie platformy symulacyjnej opartej na UD przy pomocy ograniczającego użytkownika i multidyscyplinarnego zespołu. Cel ten opierał się na ambitnych ograniczeniach symulatora jazdy dostępnego w RPA. Mimo że znaleziono symulator, który pomieściłby różnie uzdolnionych kierowców, nie znaleziono żadnego symulatora, który mógłby pomóc ograniczającemu użytkownikowi; dlatego też temat badań został sformułowany w następujący sposób:

6.3 Temat badawczy:

Universal Design in Automobiles: badanie symulatorów dla różnie uzdolnionych kierowców.

6.3.1 Główne pytanie badawcze:

Jak czynniki ludzkie wpływają na rozwój sterowania symulatorami dla kierowców o różnym stopniu sprawności?

- *Pod-Question 1:*

  Który produkt i czynniki motoryzacyjne mają wpływ na adaptację sterowników wspomagających?

- *Pod-Question 2:*

  Jakie czynniki kontekstowe wpływają na przyjęcie systemu kontroli wspomagającej?

- *Pod-Question 3:*

  W jaki sposób można opracować symulator z naciskiem na kryteria projektowania uniwersalnego?

6.4 Wnioski

W 2015 r. Swanepoel, terapeuta zajęciowy z USeBenza Assessment Centre (Uniwersytet Stellenbosch), zaprosił autora i Abdinora do uruchomienia symulatora, który mógłby pomieścić niepełnosprawnych kierowców. Wyzwaniem było jednak to, że symulator mógł pomieścić tylko paraplegicznych kierowców. Classen, profesor i dyrektor w School of Occupational Therapy (Western University, Ontario, Kanada) wygłosił wykład na temat wykorzystania symulatorów do celów rehabilitacyjnych. Podczas tego wykładu Classen zwrócił uwagę, że jednym z wyzwań podczas korzystania z symulatorów jazdy jest to, że użytkownik może cierpieć na chorobę symulatora w przypadku długotrwałego użytkowania. A, chociaż Classen wspomniał o chorobie symulatorowej, nie wyjaśniono przyczyny tych objawów (Classen, 2015).

RYSUNEK 6.2: DR CLASSEN PRZEDSTAWIAJĄCY SYMULATOR JAZDY IDES VSIM C200 SP

(Classen, 2015)

Po prezentacji, autor i Abdinor wzięli udział w demonstracji symulatora. Autor uzyskał zgodę na prowadzenie symulatora i ustalił, że ma on ograniczenia co do poziomu niepełnosprawności fizycznej, na jaki może być przystosowany. Symulator może pomieścić zdolnego kierowcy z nadwoziem i kierowcę paraplegicznego. Ograniczenia dotyczące kierowców zwróciły uwagę na konieczność opracowania symulatora opartego na kryterium projektu uniwersalnego, zgodnie z 7 wytycznymi sformułowanymi przez Centrum Projektowania Uniwersalnego (Aslaksen i in., 1997). Aby móc opracować i zbudować symulator oparty na broni masowego rażenia, różne zainteresowane strony z różnych środowisk dyscyplinarnych musiały wnieść swój wkład w projekt. Potrzebny był wielodyscyplinarny zespół, składający się z ograniczającego użytkownika, terapeuty zajęciowego, specjalisty antropometrii i ergonomii, inżyniera mechanika i elektryka oraz projektanta produktu (autora). Badania prowadzono w formie interaktywnych warsztatów PD, w których ograniczający użytkownik ustalał punkt odniesienia dla projektu symulatora i pomocy adaptacyjnych, w wyniku czego odpowiadał na pytania badawcze określone na początku procesu badawczego. W procesie udzielania odpowiedzi na główne pytania badawcze odnotowano wkład w zakresie projektowania partycypacyjnego i praktyki meta-projektowania, a także w zakresie wiedzy na temat projektowania uniwersalnego. Obejmują one końcowy symulator i komponenty, uwagi w terenie oraz wstępny przegląd praktyki pracy z ograniczonym użytkownikiem, jak również wkład metodologiczny oparty na praktyce uczestnictwa.

6.5 Składki

6.5.1 Produkt

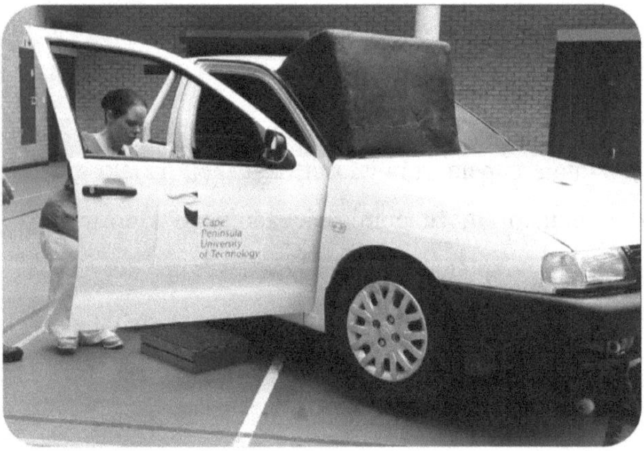

RYSUNEK 6.3: ABDINOR WKRÓTCE UŻYJE SYMULATORA

(Foulkes, 2015)

Na rysunku 6.3 pokazano pierwszy w pełni funkcjonalny symulator UD zaprojektowany i zbudowany w RPA dla kierowców o różnym stopniu sprawności fizycznej. Platforma symulatora jest oparta na konstrukcji modułowej, aby włączyć jak najwięcej takich uczących się sterowników. Sterowanie adaptacyjne zamontowane na symulatorze może być zmieniane w celu dostosowania do różnych rodzajów niepełnosprawności. Symulator pozwala również na dłuższe użytkowanie bez odczuwania choroby symulacyjnej, co zostało przetestowane przez Abdinor.

Patrząc na zróżnicowaną społeczność kierowców, wyzwanie polegające na zaprojektowaniu takiego symulatora przełożyło się na następujące rozważania: Czy można opracować symulator dla kierowców o różnym stopniu sprawności, aby pomóc w szkoleniu kierowców w Republice Południowej Afryki? Dokładniej mówiąc, przy projektowaniu symulatora dla osób niepełnosprawnych, jaki produkt i jakie czynniki motoryzacyjne wpływają na dostosowanie sterowników wspomagających? Rozważając system kontroli adaptacyjnej, jakie czynniki kontekstowe wpływają na wykorzystanie takiego systemu? Jak można opracować symulator, stosując 7 kryteriów projektowania uniwersalnego? Tabela 6.1 zawiera bardziej szczegółowy opis działania symulatora. W tabeli 6.1 wymieniono również wyzwania, przed którymi stoi Abdinor podczas prowadzenia własnego pojazdu, a także działania projektowe, które mają na celu sprostanie tym wyzwaniom. Rysunek 6.4 przedstawia przegląd pomocy adaptacyjnych jako systemu dodatkowego do symulatora. Dodatki te spełniają kryterium 7 UD i umożliwiają różnym maszynistom, takim jak Abdinor, szkolenie na symulatorze.

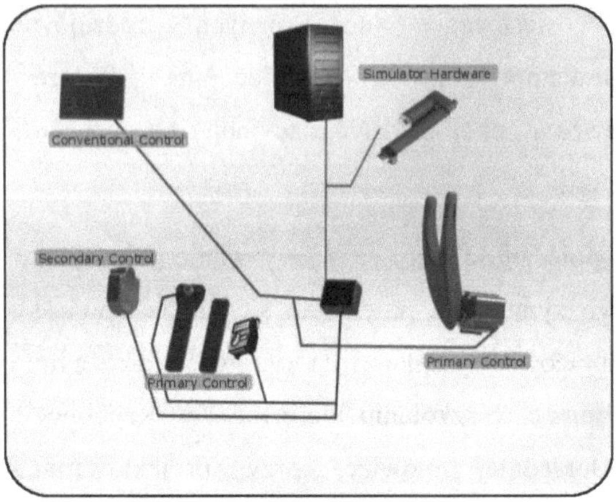

RYSUNEK 6.4: MODUŁOWY SYSTEM ADAPTACYJNY

(Autor, 2015)

Tabela 6.1 ilustruje wkład produktu zaobserwowany przez autora podczas gdy użytkownik ograniczający prowadził symulator w ustawionym wcześniej środowisku. W tabeli 6.1 opisano szczegółowo, jak funkcjonuje każda pomoc adaptacyjna i jak radzi sobie z niedociągnięciami zaobserwowanymi podczas prowadzenia przez Abdinor własnego pojazdu.

TABELA 6.1: WKŁAD W PROJEKTOWANIE SYMULATORÓW

RYSUNEK 6.5: FUNKCJE OPROGRAMOWANIA
(Autor, 2015)

Oprogramowanie używane w symulatorze pozwala uczestnikom na dostosowanie szkolenia do ich potrzeb. Instruktor nauki jazdy wybiera środowisko jazdy z udziałem osoby szkolonej. Ten ostatni może wybrać różne modele pojazdów, ustawić kolor pojazdu.
Można również wybrać tablicę rejestracyjną ucznia. Cechy takie jak pogoda i stan nawierzchni wraz z natężeniem ruchu i pieszych pozwalają na uzyskanie realistycznych wrażeń z jazdy, a także różnych poziomów szkolenia.

- Sprawiedliwe wykorzystanie (sprawiedliwe i bezstronne)
- Elastyczność w użytkowaniu
- Proste i instytucjonalne zastosowanie
- Informacje spostrzegawcze
- Tolerancja błędu

RYSUNEK 6.6: REALISTYCZNE ŚRODOWISKO JAZDY

(Autor, 2015)

Podczas szkolenia kierowca nie doświadcza żadnej choroby symulacyjnej. Chociaż dokładna przyczyna choroby symulatora nie została zbadana w ramach badań, autor założył, że zaprojektowanie symulatora jak najbliżej realistycznego pojazdu ograniczyłoby efekt choroby symulatora.

RYSUNEK 6.7: REALISTYCZNE ŚRODOWISKO JAZDY

(Autor, 2015)

Zarówno nadwozie, jak i wnętrze symulatora imitują prawdziwy pojazd. W ten sposób w konstrukcji symulatora uwzględniono jak najwięcej funkcji.

Nadwozie symulatora stanowi prawdziwy pojazd. Zaciemnione okna zapobiegają rozpraszaniu uwagi użytkownika przez otoczenie zewnętrzne. Po ustawieniu ćwiczenia na prowadzenie pojazdu instruktor opuszcza pojazd i obserwuje go od tyłu, nie przeszkadzając użytkownikowi.

- Sprawiedliwe wykorzystanie (sprawiedliwe i bezstronne)
- Proste i instytucjonalne zastosowanie

RYSUNEK 6.8: WIDOK INSTRUKTORÓW Z TYŁU SYMULATORA

(Autor, 2015)

- Tolerancja błędu
- Rozmiar i miejsce dla łatwiejszego podejścia w użyciu

Wyzwania stawiane przez symulator:

Ogólnie rzecz biorąc, wyzwanie, którym zajmowano się do tej pory, polegało na niemożności wykorzystania symulatora do szkolenia kierowców, czego doświadczył Abdinor w 2001 r. (Abdinor, 2012). Abdinor musiała sprowadzić z Wielkiej Brytanii pojazd, którego następnie używała podczas szkolenia kierowców.

Pomoce adaptacyjne

Pomoce adaptacyjne i ich funkcjonowanie stanowią odpowiedź na wyzwania stojące przed Abdinor podczas prowadzenia własnego pojazdu. Korzystając z pomocy adaptacyjnych zaprojektowanych na symulatorze, uczestnik szkolenia może wykonywać wszystkie funkcje związane z prowadzeniem pojazdu zgodnie z instrukcjami oprogramowania symulatora w trakcie trwania szkolenia.

RYSUNEK 6.11: STEROWANIE ADAPTACYJNE SIŁOWNIKA HYDRAULICZNEGO

(Autor, 2012)

RYSUNEK 6.10: ADAPTACYJNY ZAKRES RUCHÓW KIEROWNICY

(Autor, 2012)

Wyzwania stawiane przez joystick adaptacyjny symulatora:

Kiedy Abdinor jeździ, używa siłownika hydraulicznego. Miseczka siłownika, w którą wkłada ramię, składa się z części stalowej pokrytej pianką. Kubek siłownika hydraulicznego ma określony zakres ruchu.

Nie ma możliwości regulacji czułości układu kierowniczego. Ewentualny przeciek hydraulicznego przewodu zasilającego mógłby spowodować poważne zagrożenie dla bezpieczeństwa kierowcy. W przypadku awarii siłownika hydraulicznego nie ma zapasowego układu kierowniczego. Ze względu na charakter układu hydraulicznego, w bezpośrednim otoczeniu kierowcy znajdują się przewody hydrauliczne.

RYSUNEK 6.12: STEROWANIE JOYSTICKIEM

(Autor, 2015)

Sterowanie joystickiem

Autor zauważył, że kształt miseczki dżojstika bardzo dobrze pasował do Abdinora. Podczas gdy ona testowała sterowanie dżojstikiem, mogła również obsługiwać kontroler footpad'a, pedały nożne, a także klaster przełącznika pedałów i czerwony przycisk bipera. Okazało się to zadowalającym wynikiem, ponieważ Abdinor skomentował znajomość symulatora w porównaniu z jej własnym pojazdem (Abdinor, 2015). Niestety, tylko niektóre kontrole mogły być filmowane ze względu na ochronę własności intelektualnej. Joystick adaptacyjny spełnia następujące kryteria UD:

- Tolerancja błędu

Osiąga się to poprzez zaprojektowanie stref, w których joystick może być używany. (Rozdział 4: Uruchamianie układu kierowniczego za pomocą dżojstika)

- Mały wysiłek fizyczny

Niewielki wysiłek fizyczny jest możliwy dzięki lekkiej konstrukcji kubka dżojstika z włókna węglowego.

- Prosta i intuicyjna obsługa

Podczas przesuwania dżojstika, użytkownik ma do dyspozycji wizualną informację zwrotną od kierunku skrętu kierownicy, co pozwala na intuicyjną obsługę dżojstika.

- Elastyczność w użytkowaniu

Chociaż nie jest on wykorzystywany w niniejszym opracowaniu, układ kierowniczy dżojstika został zaprojektowany tak, aby można było zamontować różne kielichy lub interfejsy siłownika, jeśli użytkownik preferuje inny interfejs.

Wyzwania rozwiązywane za pomocą głównego sterownika **symulatora**, ekranu LED i klawiatury:

ILLUSTRACJA 6.13: SKRZYNKA STEROWNICZA PRZEŁĄCZNIKA

(Autor, 2012)

Zainstalowana w pojeździe Abdinor skrzynka kontrolna przełączników może obsługiwać tylko podstawowe funkcje. Funkcje te zostały aktywowane przez Abdinor za pomocą palców u prawej stopy do wciśnięcia przycisków. Wyzwania związane z obsługą przycisków są podwójne. Po pierwsze, w obudowie przełącznika umieszczono tylko ograniczoną liczbę funkcji; po drugie, musiała ona zerwać kontakt wzrokowy z drogą i spojrzeć w dół, aby potwierdzić, czy dana funkcja została aktywowana. Abdinor nie miał również żadnej kontroli nad bezpieczeństwem pojazdu, ponieważ pojazd został uruchomiony przez naciśnięcie przycisku start. Wszystkie te wyzwania są rozwiązywane za pomocą projektu głównego sterownika, ekranu LED i klawiatury.

Szczegóły kontroli adaptacyjnej: Główny kontroler, ekran LED i klawiatura

ILLUSTRACJA 6.14: STEROWNIK KLAWIATURY I EKRAN LED

(Autor, 2015)

Podczas ćwiczenia na symulatorze jazdy Abdinor wykorzystał ekran dotykowy LED jako wizualne potwierdzenie wybranych funkcji. Były to funkcje związane z prowadzeniem pojazdu i mogły być dezaktywowane za pomocą ekranu dotykowego LED lub kontrolera klawiatury. Funkcje te obejmowały reflektory, klimatyzację, uruchamianie i wyłączanie silnika pojazdu oraz zagrożenia. Jest to tylko lista funkcji wybranych do celów demonstracyjnych; dowolna liczba funkcji może być dodana do kontrolera w zależności od potrzeb w późniejszym czasie. Była to jedna z unikalnych cech symulatora, pozwalająca na uznanie go, przez autora, za produkt Universal Design.

Ta część systemu adaptacyjnego spełnia następujące kryteria UD:

- Sprawiedliwe wykorzystanie (sprawiedliwe i bezstronne)
- Elastyczność w użytkowaniu
- Informacje spostrzegawcze
- Tolerancja błędu
- Mały wysiłek fizyczny
- Rozmiar i przestrzeń dla łatwości podejścia

Opis i działanie sterownika klawiatury

RYSUNEK 6.15: STEROWNIK KLAWIATURY

(Autor, 2015)

Poszczególne funkcje można aktywować za pomocą kontrolera poduszki nożnej, używając prawej stopy zakrytej w skarpetce. Przyciski sterownika są wpuszczone, aby umożliwić użytkownikowi łatwą lokalizację bez konieczności wizualnego potwierdzenia. Okazało się to sukcesem, ponieważ Abdinor szybko zapamiętał układ przycisków i był w stanie używać kontrolera bez zrywania kontaktu wzrokowego z ekranem symulatora.

Opis i działanie ekranu dotykowego

RYSUNEK 6.16: EKRAN DOTYKOWY

(Autor, 2015)

Ekran dotykowy LED dostarczył Abdinor informacji zwrotnej na temat każdej funkcji wybranej za pomocą klawiatury. Ponieważ ekran LED jest wrażliwy na dotyk, uczestnik szkolenia lub instruktor może również aktywować funkcje lub, w przypadku zagrożenia, wyłączyć symulator.

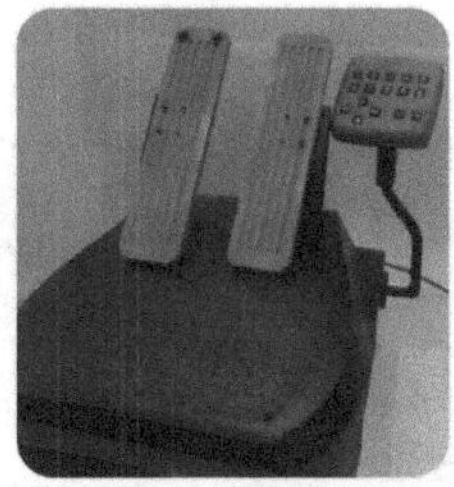

RYSUNEK 6.17: SKRZYNKA NA PEDAŁY I REGULOWANA KLAWIATURA

(Autor, 2015)

RYSUNEK 6.18: PRZYCISKI UŻYWANE DO URUCHAMIANIA HAMULCA BEZPIECZEŃSTWA

(Autor, 2012)

Skrzynka na pedały i klawiatura

Skrzynka z pedałami użyta w symulatorze jest zdejmowalna, podobnie jak wszystkie elementy sterowania adaptacyjnego w symulatorze. Odstępy pomiędzy pedałami mogą być ustawione zgodnie z życzeniem użytkownika. Klawiatura służąca do wyboru funkcji jest pyło- i wodoodporna, a także regulowana dla wygody obsługi. Klawiatura może być obsługiwana albo stopą użytkownika, albo ręką, w zależności od miejsca montażu.

Wyzwania związane z aktywacją hamulca bezpieczeństwa:

Jak widać na zdjęciu, Abdinor aktywował hamulec bezpieczeństwa poprzez naciśnięcie lewego przycisku znajdującego się na pedale hamulca. Nie było żadnego wskazania, że hamulec jest w pozycji do aktywacji, poza potwierdzeniem wizualnym. Aby zwolnić hamulec bezpieczeństwa, włącznik został przesunięty w górę. W tym przypadku obowiązywała ta sama obawa: istniało tylko wizualne potwierdzenie stanu wyłączenia hamulca bezpieczeństwa. Abdinor wolał również nie używać hamulca bezpieczeństwa ze względu na powolną prędkość, z jaką był on uruchamiany, co sprawia, że hamulec ten jest nieodpowiedni w sytuacji awaryjnej.

Wyzwania związane z doborem biegów:

RYSUNEK 6.19: WYBIERANIE POZYCJI ZMIANY BIEGÓW

(Autor. 2012)

Abdinor użyła palców prawej stopy, aby pociągnąć lub nacisnąć na przełącznik. Przez pociągnięcie przełącznika dźwignia zmiany biegów przesuwa się w kierunku kierowcy; przez naciśnięcie przełącznika zmiana biegów przesuwa się w kierunku pozycji "park". Obawy związane ze stosowaniem selektora biegów dotyczyły konieczności ciągłego naciskania przycisku w celu zmiany biegów. Pozycję przekładni można było potwierdzić tylko wizualnie. W przypadku standardowej automatycznej skrzyni biegów, użytkownik miałby do dyspozycji informację zwrotną od selektora, który wpinałby się raz na miejsce. Pozwala to na sensoryczne sprzężenie zwrotne dotykowe wraz z wizualnym wskazaniem wybranej pozycji. Ze względu na system adaptacyjny, ten sensoryczny dotyk nie jest dostępny, ponieważ mechanizm został usunięty, aby pomieścić siłownik elektryczny, który służy jako ręce użytkownika.

Klaster przełączników pedałowych

RYSUNEK 6.20: KLASTER WYŁĄCZNIKÓW NOŻNYCH

(Autor, 2015)

Klaster przełączników pedałowych stanowi odpowiedź na wyzwania związane z hamowaniem awaryjnym i wyborem biegów, ponieważ zainstalowano system zmiany biegów podobny do systemu tip-tronic. Oznacza to, że użytkownik musiałby po prostu dotknąć włącznika biegu w górę lub w dół, aby przestawić dźwignię biegów do następnej lub poprzedniej pozycji. Według Abdinora, ta konstrukcja była ulepszeniem w stosunku do oryginalnego systemu, ponieważ mogła teraz skoncentrować się na prowadzeniu pojazdu, a nie martwić się o wybranie odpowiedniej pozycji biegu (Abdinor, 2015). Hamulec bezpieczeństwa działał na podobnej zasadzie. Użytkownik może aktywować i dezaktywować przerwę awaryjną za pomocą jednego przycisku. Szybkość aktywacji hamulca bezpieczeństwa została również uwzględniona poprzez zastosowanie szybszej aktywacji siłownika w symulatorze. Klaster z przełącznikiem pedałowym spełnia następujące kryteria UD:

- Sprawiedliwe wykorzystanie (sprawiedliwe i bezstronne)
- Elastyczność w użytkowaniu
- Proste i instytucjonalne zastosowanie
- Informacje spostrzegawcze
- Tolerancja błędu
- Mały wysiłek fizyczny

6.5.2 Wkład metodologiczny:

6.5.3 Połączenie projektowania uniwersalnego ze studium przypadku z użytkownikiem z ograniczeniami oraz wykorzystanie procesu PD w ramach podejścia zespołowego Meta-Design.

Poniżej znajduje się omówienie wkładu, jaki badania te wniosły do koncepcji łączenia podejść metodologicznych. Projekt opierał się na koncepcji Universal Design i był planowany, realizowany i analizowany z wykorzystaniem metodologii studium przypadku. Studium przypadku zostało przeprowadzone z ograniczonym użytkownikiem, z wykorzystaniem projektu partycypacyjnego i z udziałem zespołu Meta-design. Omówiona zostanie zarówno metodologia UD i Case Study, jak i nowe połączenie tych dwóch w jednym projekcie.

Uniwersalne wzornictwo

Koncepcja Universal Design sugeruje, że wszystkie elementy i przestrzenie powinny być dostępne i możliwe do wykorzystania przez wszystkich ludzi w jak największym stopniu (Dalcher, 2006). Jest to realizowane we wszystkich aspektach projektowania poprzez przemyślane planowanie z naciskiem na dostępność (Design, 1998:3). Centrum Projektowania Uniwersalnego na Uniwersytecie Stanowym Karoliny Północnej pomogło w praktycznym zastosowaniu projektowania uniwersalnego, formułując siedem zasad projektowania uniwersalnego (Aslaksen) et al., 1997):

- **SPRAWIEDLIWE WYKORZYSTANIE**
- Elastyczność w użytkowaniu
- Proste i instytucjonalne zastosowanie
- Informacje spostrzegawcze
- Tolerancja błędu
- Mały wysiłek fizyczny
- Rozmiar i miejsce dla łatwiejszego podejścia w użyciu

Pełny opis zasad i wytycznych znajduje się w załączniku E.

Badania przeprowadzone w ramach symulatora i systemu adaptacyjnego są zgodne z tymi siedmioma wytycznymi projektu uniwersalnego i otwierają nowe możliwości poprzez osadzenie studium przypadku w ogólnych ramach projektu uniwersalnego. Podejście UD było podstawą, na której opierał się projekt i towarzyszące mu badania. Inne teorie zostały zbadane, ale UD był kotwicą, która kierowała badaniami.

Projekt i ta rozprawa przyczyniają się do rozwoju UD w następujący sposób. Początkowo ja, autor, rozumiałem, że badania oparte na koncepcji projektowania uniwersalnego muszą być prowadzone w sposób jakościowy i dlatego obejmą jak największą liczbę użytkowników. Jednak okazało się, że jest odwrotnie w przypadku skupienia się na ograniczającym użytkowniku. Niniejsze studium dowodzi, że podejście oparte na studium przypadku, angażujące ograniczającego użytkownika, może przyczynić się do określenia skrajnych parametrów projektowych w ramach projektowania uniwersalnego. Badania nad przypadkami, jeśli zostałyby wykorzystane samodzielnie do zdefiniowania parametrów projektowych, nie mogłyby doprowadzić do stworzenia produktu Universal Design opartego na wyżej wymienionych kryteriach UD. Dlatego też metodologia studiów przypadku pozwoliła mi na zdefiniowanie zjawiska, które ma być badane, jak również podejścia do badania.

Studium przypadku

Stawka (2005:433) rozumie badania przypadków w następujący sposób: "Studium przypadku nie jest wyborem metodologicznym, lecz wyborem tego, co ma być badane". W centrum uwagi studium przypadku może znajdować się osoba, grupa, instytucja, kraj, wydarzenie - wszystko to, co badacz chce studiować (Thomas, 2011). Celem tej pracy doktorskiej było zebranie i przeanalizowanie informacji dotyczących następującej kwestii: Jak czynniki ludzkie wpływają na rozwój sterowania symulatorami dla kierowców o różnym stopniu sprawności? Aby móc odpowiedzieć na to pytanie, musiałem zrozumieć, jakie czynniki produktowe i motoryzacyjne wpływają na adaptację sterowników wspomagających, jakie czynniki kontekstowe wpływają na przyjęcie systemu sterowników wspomagających oraz w jaki sposób można opracować symulator z naciskiem na kryteria projektowania uniwersalnego, aby sprostać tym wyzwaniom?

Połączenie projektowania uniwersalnego z badaniem przypadków zapewniło ramy, które doprowadziły do zaprojektowania i skonstruowania produktu dostępnego dla jak największej liczby osób o różnym stopniu zaawansowania. Aby osiągnąć ten cel, inaczej uzdolniony kierowca stał się zjawiskiem, które zaobserwowano i przeanalizowano w studium przypadku. Chociaż początkowo podejście to było uważane za sprzeczne z Universal Design, stwierdziłem, że wybór odpowiedniej osoby, która reprezentuje większą społeczność ograniczonych użytkowników, przyczynił się do powstania Universal Design. Bażant wprowadza ograniczającego użytkownika jako członka populacji użytkowników, który ze względu na swoje cechy fizyczne nakłada najpoważniejsze ograniczenia na projekt produktu (Pheasant & Haslegrave, 2006:27). W związku z tym mogłem wybrać inaczej uzdolnionego kierowcę, aby reprezentował większą grupę kierowców i nadal stosował się do kryteriów projektu uniwersalnego. Badania studium przypadku przyczyniły się do wypracowania podejścia UD, ponieważ pozwoliły na przeprowadzenie dogłębnych badań, w których ograniczający użytkownik mógł być wielokrotnie przesłuchiwany aż do uzyskania spójnego wyniku (Thomas, 2011).

Połączenie UD z ograniczającymi badaniami nad użytkownikami i studiami przypadków pozwoliło mi spojrzeć na szerszy obraz problemu badawczego: Jak czynniki ludzkie wpływają na rozwój kontroli symulatorów dla kierowców o różnym stopniu sprawności? Badania z udziałem Abdinor mogły odpowiedzieć tylko na niektóre pytania, które były związane z jej sytuacją. Zastosowanie metod badania przypadków, takich jak obserwacje i wywiady, pozwoliło mi na dogłębne zrozumienie problemu badawczego. Kiedy już zdobyłem to dogłębne zrozumienie, mogłem cofnąć się, aby zobaczyć wynik badania przez obiektyw o uniwersalnej konstrukcji. Wyzwaniem związanym z tym podejściem była zmiana punktu ciężkości z przeglądu na dogłębne badania i powrót do przeglądu w cyklu ciągłym. Ten cykl jest lepiej wyjaśniony na rysunku 6.21 poniżej:

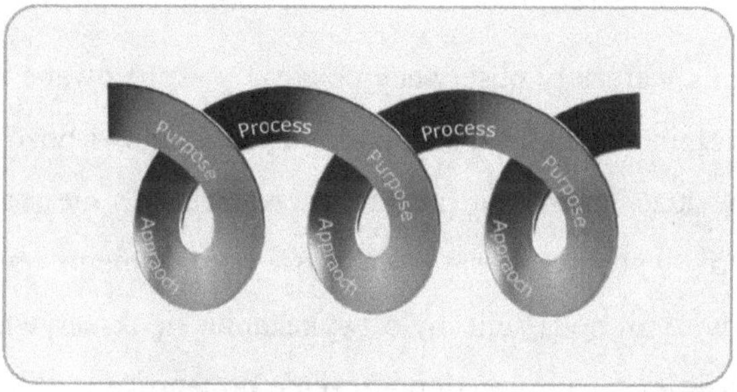

RYSUNEK 6.21: KLUCZ DO MAPY DEZERCJI

(Opracowany przez autora według ustaleń Thomasa, 2011)

Kluczem do mapy rozprawy doktorskiej jest przegląd badań, natomiast cykl PD rys. str. 44 jest procesem pogłębionym. Cykl PD (plan, działanie/obserwacja, analiza/plan) został powtórzony kilka razy, co pozwoliło mi na ocenę ograniczającego wkładu użytkownika w odniesieniu do kryteriów UD. To, czego nauczyłem się dzięki temu połączonemu podejściu, to fakt, że choć różnie uzdolnieni użytkownicy są unikalni pod względem poziomu i rodzaju zdolności fizycznych, mogą oni dostarczyć badaczowi ważnych informacji ze względu na ograniczenia, jakie nakładają na produkt. W tym przypadku badania jakościowe przyczyniły się do powstania Universal Design. Z drugiej strony, konstrukcja UD pozwalała na swobodny dostęp i korzystanie z produktu przez sterownik o innym przeznaczeniu, a jednocześnie kierowała projektem produktu. Nie dyktuje on jednak wyniku badania. PD pozwoliła na triangulację w ramach studium przypadku. Triangulacja zebranych danych była niezbędna do uzyskania spójnego wyniku. Projekt, w który zaangażowany był ograniczający się użytkownik, oznaczał wielokrotne przeprowadzanie rozmów z daną osobą, z wykorzystaniem różnych scenariuszy i ustawień. Takie podejście zastąpiło potrzebę jednego warsztatu dla wielu użytkowników.

Dla tego badania warsztaty obserwacyjne zostały zaplanowane z dala od siebie, dzięki czemu ograniczającemu się użytkownikowi pozostawiono wystarczająco dużo czasu na udział w warsztacie, nie pamiętając dokładnie, co wydarzyło się podczas poprzedniego warsztatu. Wyzwaniem w tym podejściu było wykazanie się kreatywnością w prowadzonych warsztatach i niedopuszczenie do tego, aby dane zebrane podczas poprzedniego warsztatu obserwacyjnego miały wpływ na wyniki obecnego warsztatu.

Projektowanie partycypacyjne wspiera ideę różnorodnych sposobów planowania, myślenia i działania w celu uwzględnienia i dostosowania do ludzkich potrzeb (Schuler & Namioka, 1993). PD, opisane przez Gerharda Fishera (2003) i wykorzystane w tym projekcie badawczym, koncentruje się na działaniach i procesach mających miejsce w czasie badań, projektowania i budowy symulatora. Jako że symulator jest połączeniem różnych systemów, a czynniki ludzkie wpływające na te systemy są złożone, postanowiłem zwrócić się do różnych specjalistów, którzy mogliby przyczynić się do ogólnego projektu. Badania te przyczyniły się do rozwoju PD poprzez zaangażowanie większej liczby osób niż tylko użytkownika. Inni specjaliści zostali potraktowani jako interesariusze, tworząc w ten sposób zespół projektowy, w którym każdy interesariusz był częścią procesu projektowania - a projektant ułatwiał ten proces. Ten pomysł nie jest nowy; Fischer (2003) rozumie go jako meta-design.

Meta-design ma na uwadze to, że jako profesjonaliści z różnych sektorów mamy różne umiejętności i zdolności. Aby produkt odniósł sukces, różni specjaliści będą musieli połączyć swoje obszary specjalizacji i zapylać krzyżowo proces PD (Fischer, 2003:2). Meta-design pozwala na pracę zespołową w ramach procesu PD.

Praca zespołowa w tym projekcie poszła o krok dalej i udowodniła, że postawa odgrywa ważną rolę w pokonywaniu wyzwań projektowych. Postawę można zdefiniować jako nastawienie myślowe lub tendencję do działania w określony sposób, wynikające zarówno z indywidualnego doświadczenia, jak i temperamentu (Pickens), 2005). Pickens omawia rozwój postaw w swojej książce "Attitudes and Perceptions": Efekty uczenia się". Odkrył, że postawy kształtują się w wyniku bezpośrednich doświadczeń z ludźmi, modelowania innych i uczenia się. Punkty te uzupełniają to, co ja, autor, zaobserwowałem podczas tego badania. Zmiana postawy następuje wtedy, gdy zajmujemy się poznawczym doświadczeniem lub wiedzą i uczeniem się danej osoby (Pickens, 2005). Według Pickensa, można dostarczyć członkowi zespołu odpowiednie przygotowanie do nowej sytuacji, jak również wystarczająco dużo informacji, aby mógł on zrozumieć sytuację, tak aby mógł dokonać świadomego wyboru. Gdy badania dobiegły końca, opinia Pickensa okazała się prawdziwa: zaangażowani interesariusze mieli więcej empatii, gdy angażowali się w rozmowy. Zauważyłem, że choć na początku projektu osoby z różnych dyscyplin starały się udowodnić swój punkt widzenia, pod koniec projektu pojawiła się akceptacja dla różnych punktów widzenia i chęć przyczynienia się do osiągnięcia celu, jakim jest zbudowanie symulatora opartego na Universal Design.

6.6Ograniczenia

Chociaż celem tego studium było zaprojektowanie symulatora opartego na UD, to jednak wybór podejścia opartego na studium przypadku, z ograniczającym użytkownikiem, pozwolił na stworzenie zestawu kontroli adaptacyjnych, które byłyby odpowiednie tylko dla ograniczającego użytkownika. Kroemer (2006:4) popiera to ograniczenie w swoich ustaleniach dotyczących unikalnego profilu ergonomicznego osób niepełnosprawnych; tylko jeden zestaw kontroli adaptacyjnych został zaprojektowany tak, aby pasował do konkretnej osoby. Dlatego też, aby zachować zgodność z charakterem projektu UD, przyjęto podejście modułowe, projektując system kontroli adaptacyjnej, tak aby można było przeprowadzić dalsze badania z innymi użytkownikami i kontrole adaptacyjne.

Projekt symulatora został dostosowany do dostępności zasobów, takich jak siła robocza i finansowanie. Środki finansowe przyznane na projekt pochodziły z regionu R250 000. Załoga składała się ze mnie, dwóch studentów inżynierii mechanicznej i jednego studenta elektrotechniki, wszyscy oni pracowali nad uzyskaniem tytułu licencjata. Cała praca praktyczna wykonana przy produkcji prototypów została wykonana przez tych studentów. Powłoka symulatora została wyprodukowana przy użyciu VW polo 2003, ponieważ ograniczający użytkownik był zaznajomiony z tą platformą. Zapewniłoby to najmniej natrętną obserwację podczas badań. Oprogramowanie użyte w symulatorze to

City Car Driving w wersji 1.2. Ze względu na ograniczenia niniejszego opracowania sformułowano zalecenia dotyczące dalszych badań.

6.7 Zalecenia dotyczące przyszłych badań

6.7.1 Pomoce adaptacyjne stosowane w symulatorze

Podczas ostatniej iteracji cyklu PD specjalista antropometryczny z uniwersytetu, który nie brał udziału w badaniu, wspomniał, że dżojstik kierowniczy może korzystać z mechanizmu, który pozwoliłby kierowcy na bardziej naturalny ruch podczas kierowania symulatorem. Ponieważ ograniczenia czasowe nie pozwoliły na dalsze badania nad tym zaleceniem, sugeruje się, aby przyszłe badania były prowadzone w tym zakresie. Konkretny obszar badań mógłby obejmować regulowany joystick kierowniczy, jak również joystick montowany na siedzeniu w porównaniu z joystickiem montowanym na drzwiach.

Ponadto większa liczba kierowców o wyjątkowej niepełnosprawności mogłaby skorzystać z zestawu środków kontroli adaptacyjnej właściwych dla ich niepełnosprawności. W związku z tym autor zaleca dalsze badania nad różnymi sterownikami adaptacyjnymi, które mają być stosowane w symulatorze w celu dostosowania się do kierowców o różnych zdolnościach do Abdinora, który brał udział w tym badaniu. Ponieważ Abdinor szkolił się w symulatorze, autor zauważył, że podczas 30-minutowej sesji treningowej nie było żadnych oznak choroby symulatora. Autor nie ma jednoznacznego wytłumaczenia dla braku choroby symulacyjnej w tym konkretnym przypadku. Dlatego też dalsze badania nad czynnikami, które mogą lub nie mogą wywoływać choroby symulacyjnej w symulatorach w ogóle, byłyby korzystne dla literatury przedmiotu.

6.7.2 Inne obszary wymagające dalszych badań

Badanie to wykazało, że chociaż symulator miał być produktem do szkolenia kierowców, to jednak uzyskano różne inne korzyści dotyczące multidyscyplinarnej pracy zespołowej, budowania potencjału zawodowego i doświadczenia praktycznego dla zaangażowanych studentów. Autor proponuje zatem dalsze badania w wyżej wymienionych obszarach, a także idealne warunki do komunikacji w ramach zespołów interdyscyplinarnych, ze względu na zmianę postaw. Przyjmuję do wiadomości takie teorie, jak współprojektowanie, ...które dotyczą pracy grupowej i ....sugeruję, aby rozważyć dalsze badania nad wpływem tych teorii na projektowanie uniwersalne, badania przypadków, projektowanie partycypacyjne i meta-projektowanie.

7 LISTA REFERENCJI:

- Abdinor, N. 2012. Nicky's Drive. | Nicky's Story. *Online*. Dostępny pod adresem: http://www.nickysdrive.com/nickys-story/ [Dostęp uzyskano 18 lipca 2012 r.].
- Abdinor Nicky, 2015. Profil - Nicky Abdinor. Dostępny na stronie: http://nickyabdinor.com/about-nicky-abdinor/ [dostęp uzyskano 26 sierpnia 2015 r.].
- Abdinor, N. 2012. Wywiad z autorem w dniu 5 listopada 2012 r.
- Abdinor, N., 2016. Nicky's Drive, Nicky's Story. Dostępny pod adresem: http://nickysdrive.com/nickys-story/ [dostęp uzyskano 12 lipca 2016 r.].
- Opcje dostępu, 2014. MPD | Niepełnosprawne urządzenia wspomagające prowadzenie pojazdu | Sterowanie ręczne | Opcje dostępu | California. Dostępny pod adresem: http://www.accessoptions.com/mpd.php [Dostęp uzyskano 9 marca 2014 r.].
- Żywy, A., 2012. Zdolność fizyczna do bezpiecznej jazdy / bezpieczeństwo na drodze. Dostępny pod adresem: http://www.arrivealive.co.za/pages.aspx?i=2878 [dostęp uzyskano 17 lipca 2012 r.].
- Anon, 1993. Niezależne życie i medyczny model niepełnosprawności. *Niepełnosprawność i społeczeństwo*, 1(2), str.1-8.
- Aslaksen, F. et al., 1997. Uniwersalny design: Planowanie i projektowanie dla wszystkich. *Gladnet*, (grudzień), s. 1994-1997. Dostępne pod adresem: http://home.online.no/~bringa/universal.htm.

- Bromley, D.B., 1986. The Case-Study Method in Psychology and Related Disciplines, John Wiley, Chichester, Wielka Brytania.
- Miasto Cape Town, 2016. MyCiTi IRTi: Informacje o projekcie. Dostępny pod adresem: https://www.capetown.gov.za/en/irt/Pages/default.aspx [Dostęp uzyskano 1 marca 2016 r.].
- Dalcher, D. 2006. Zgoda na projektowanie uniwersalne: pojawienie się trzeciej kultury. Społeczeństwo informacyjne o powszechnym dostępie. 5: 253-268
- Demirbilek, O. & Demirkan, H., 2004. Uniwersalne projektowanie produktów z udziałem starszych użytkowników: Model projektu partycypacyjnego. *Applied Ergonomics*, 35(4), s. 361-370. Dostępny pod adresem: http://ac.els-cdn.com/S0003687004000390/1-s2.0-S0003687004000390-main.pdf?_tid=378b79ba-d94d-11e5-b8a9-00000aab0f26cdnat=1456136317_0af2ca38b226c993451d49f797a18453 [dostęp uzyskano 22 lutego 2016 r.].
- Design, U., 1998. DEFINICJE: Dostępny, przystosowywalny i uniwersalny design.
- Świat Niepełnosprawnych, 2014. Ręczne sterowniki samochodowe i samochodowe produkty adaptacyjne do jazdy. Dostępny pod adresem: http://www.disabled-world.com/assistivedevices/automotive/ [Dostęp uzyskano 9 marca 2014 r.].
- Driving Ambitions, 2012. Driving Ambitions South Africa. *Online*. Dostępny pod adresem: http://www.drivingambitions.co.za/about.html [dostęp uzyskano 1 sierpnia 2012 r.].

- Driving Systems Incorporated, 2008. Driving Systems , Scott Driving System. Dostępny pod adresem: http://www.drivingsystems.com/ScottSystem.html [Dostęp uzyskano 6 sierpnia 2012 r.].
- Elektroniczna Kontrola Mobilności, 2012. EMC. Dostępny na stronie: http://www.emc-digi.com/consumer.cfm?s=1001408 [Dostęp uzyskano 6 sierpnia 2012 r.].
- Farlex, 2012a. fokomelia - definicja fokomelii w Słowniku medycznym - przez Free Online Medical Dictionary, Thesaurus i Encyclopedia. Dostępny pod adresem: http://medical-dictionary.thefreedictionary.com/phocomelia [dostęp uzyskano 6 sierpnia 2012 r.].
- Farlex, 2012b. Proksymalny udowy niedobór ogniskowy - artykuł encyklopedyczny o Proksymalnym udowym niedoborze ogniskowym. Dostępny pod adresem: http://encyclopedia.thefreedictionary.com/Proximal+Femoral+Focal+Deficiency [dostęp uzyskano 6 sierpnia 2012 r.].
- Fischer, G., Meta - Design`: Poza Działem Projektowania Użytkownika i Projektowania Partycypacyjnego Informatyki, 430 UCB 2 Czas projektowania i czas użytkowania 3 Czas projektowania i projektowania partycypacyjnego.
- Fischer, G., 2003. Meta - Design`: Poza Działem Projektowania Użytkownika i Projektowania Partycypacyjnego Informatyki, 430 UCB 2 Czas projektowania i czas użytkowania 3 Czas projektowania i projektowania partycypacyjnego. , str.1-5.
- Foucault, M. 1981. ``Pytania o *metodę: wywiad z Michelem Foucaultem".* Ideologia i Świadomość 8: 3-14

- Foulkes, D. 2014. Wywiad z autorem w dniu 19 lutego 2014 r., Kapsztad
- Fundacja, W.K.K., Health, C. & Program, S., 2003. Definicje, cele i zasady badań w zakresie działań partycypacyjnych. , (1998), s. 1-2.
- Gautam, N. & Singh, N., 2008. Rozwój szczupłych produktów: Maksymalizacja wartości postrzeganej przez klienta poprzez zmianę projektu (redesign). Artykuł w prasie
- Grundy, D. & Swain, A. eds., 2002. *ABC urazu rdzenia kręgowego: Czwarte wydanie* Fourth Edi., BMJ Books.
- Helen Hamlyn Research Centre, 2005. Międzynarodowa konferencja poświęcona projektowaniu włączającemu Royal College of Art, Londyn, Wielka Brytania. , (kwiecień), s. 132.
- Humphrey, Thomas, F., 1999. Budowanie potencjału zawodowego w ITS: Wytyczne dotyczące obsady kadrowej, zatrudniania i projektowania idealnych zespołów projektowych,
- Jiaquan Xu, M.D.; Sherry L. Murphy, B.S.; Kenneth D. Kochanek, M.A.; i Brigham A. Bastian, B.S., 2016. National Vital Statistics Reports Deaths `: Dane końcowe za rok 2013. *National Center for Health Statistics*, 64(2), str.1-117. Dostępny pod adresem: http://www.cdc.gov/nchs/data/nvsr/nvsr58/nvsr58_19.pdf.
- Kader, A., 2006. System Steer-by-Wire Control.
- Kemmis, S. & Mctaggart, R., 2007. Badania w ramach działania uczestniczącego: Działania komunikacyjne i sfera publiczna. *Denzin & Lincoln,* Strategie(10), str.271-330.
- Kraft, G.H., 2012. stwardnienie rozsiane - definicja stwardnienia rozsianego w Słowniku medycznym - przez Free Online Medical Dictionary, Thesaurus i Encyclopedia. Stwardnienie *rozsiane (MS)*

jest chorobą zapalną ośrodkowego układu nerwowego (OUN) - czyli mózgu i rdzenia kręgowego. Pre. Dostępny pod adresem: http://medical-dictionary.thefreedictionary.com/multiple+sclerosis [dostęp uzyskano 18 lipca 2012 r.].

- Kroemer, K.H.E. 2006. Ergonomia "Extra-Ordinary": Jak zakwaterować małe i duże osoby, osoby niepełnosprawne i starsze, oczekujące matki i dzieci. Boca Raton: Taylor & Francis.
- Lawton, M. & Brody, E., 1996. Ocena osób starszych: samodzielność i instrumentalne działania w codziennym życiu. *Gerontolog*, 9(1), str.186. Dostępny pod adresem: https://www.abramsoncenter.org/media/1197/instrumental-activities-of-daily-living.pdf [dostęp uzyskano 1 marca 2016 r.].
- Lehohla, P., 2011. Profil osób niepełnosprawnych w Republice Południowej Afryki. Spis *powszechny*, s. 185. Dostępny pod adresem: http://www.statssa.gov.za/publications/Report-03-01-59/Report-03-01-592011.pdf [dostęp uzyskano 5 kwietnia 2016 r.].
- Lorenz, J., 2013. Fraunhofer Adaptronik. Dostępny pod adresem: http://www.adaptronik.fraunhofer.de/en/adaptronic/what_is.html [dostęp uzyskano 20 marca 2013 r.].
- Mack, N. et al., 2005. Moduł 2: Obserwacja uczestników. *Metody badań jakościowych: przewodnik terenowy zbieraczy danych*, s. 13-27. Dostępne pod adresem: http://www.popline.org/node/263032\nhttp://www.fhi.org/en/RH/Pubs/booksReports/QRM_datacoll.htm\nhttp://scholar.google.co.za/scholar?hl=en=Qualitative+research+methods:+"a+data+collector's+field+guide"&btnG=&as_sdt=1,5&as_sdtp=#4.
- Macmillan Dictionary, 2016. Zawodowiec.

- Mohlala Thabo, 2013. Pomagając w jej krwi. *Mail & Guardian, str.*1. Dostępny pod adresem: http://mg.co.za/article/2013-03-20-helping-in-her-blood [dostęp uzyskano 26 sierpnia 2015 r.].
- Milgram, S. 1981. "Behavioral Study of Obedience", Social and Behavioral Science, 9:18 (dostępne na stronie internetowej: http://www.columbia.edu/cu/psychology/terrace/w1001/readings/ milgram.pdf).
- Mobility Works, 2012. Sterowanie ręczne dla osób niepełnosprawnych | Sterowanie ręczne w samochodzie | Sterowanie ręczne w samochodzie dla osób niepełnosprawnych. Dostępny pod adresem: http://www.mobilityworks.com/hand-controls-electronic-driving-systems.php [Dostęp uzyskano 6 sierpnia 2012 r.].
- Mugendi Kanampui, M., 2010. "MAINSTREAMING UNIVERSAL DESIGN IN CAPE TOWN: FIFA 2010 WORLD CUPTM-RELATED ACTIVITIES AS CATALYSTS FOR SOCIAL CHANGE". "Cape Peninsula Univarsity of Technology.
- M'Rithaa, M.K., 2010a. "MAINSTREAMING UNIVERSAL DESIGN IN CAPE TOWN: FIFA 2010 WORLD CUPTM-RELATED ACTIVITIES AS CATALYSTS FOR SOCIAL CHANGE". ", (grudzień 2009).
- M'Rithaa, M.K., 2010b. "MAINSTREAMING UNIVERSAL DESIGN IN CAPE TOWN: FIFA 2010 WORLD CUPTM-RELATED ACTIVITIES AS CATALYSTS FOR SOCIAL CHANGE". "Cape Peninsula Univarsity of Technology.
- Nicky's Drive, 2010. Co to jest PFFD? Dostępny pod adresem: http://www.nickysdrive.com/what-is-pffd.html [dostęp uzyskano 6 sierpnia 2012 r.].

- Oliver, M., 1990. Indywidualne i społeczne modele niepełnosprawności. (lipiec). Dostępne pod adresem: http://www.leeds.ac.uk/disability-studies/archiveuk/Oliver/in soc dis.pdf.
- Oxford Dictionaries, 2014. symulator: definicja symulatora w słowniku oksfordzkim (British & World English). Dostępny pod adresem: http://www.oxforddictionaries.com/definition/english/simulator.
- Pali Lehohla, 2005. *Statistics South Africa Prevalence of disability in South Africa* 03-02-44., Pretoria: Statistics South Africa, Pretoria 0001. Dostępny pod adresem: www.statssa.gov.za.
- Pellmar, T.C. & Eisenberg, L. eds., 2000. *Bridging Disciplines in the Brain, Behavioral, and Clinical Sciences* 1st ed., NATIONAL ACADEMY PRESS Washington, D.C. Dostępne pod adresem: http://www.nap.edu/catalog/9942.html [dostęp uzyskano 27 lipca 2016 r.].
- Pickens, J., 2005. Postawy i postrzeganie: Efekty uczenia się.
- Plattner, H., 2013. Wprowadzenie do Design Thinking. , str.1-15. Dostępny pod adresem: https://dschool.stanford.edu/sandbox/groups/designresources/wiki/36873/attachments/74b3d/ModeGuideBOOTCAMP2010L.pdf?sessionID=279d284171a07bdcd139c9e3dc82a73c8ce0f3aa.
- Proxomed. 2014. System Biodex 3. Dostępny: 3 czerwca 2014 r.
- Roenker, D.L. et al., 2003. Rezultat w postaci szybkości przetwarzania danych i szkolenia kierowców w zakresie poprawy parametrów jezdnych. *Czynniki ludzkie: The Journal of the Human Factors and Ergonomics Society*, 45(2), s.218-233. Dostępny na stronie:

http://hfs.sagepub.com/cgi/doi/10.1518/hfes.45.2.218.27241 [dostęp uzyskano 26 lutego 2014 r.].

- Robinson, J.M., 2004. The Daily Philosopher: Jedyną rzeczą, która jest stała, jest zmiana. Dostępny pod adresem: http://www.thedailyphilosopher.org/daily/000011.php?o=600606=dirsrc=990o=contentPageRelatedSearchd=SEOp=google.co.zan=SEO.
- Rosen-Shoham, T. , Lifshitz, Y. , 2005. Research Center for Work Safety & Human Engineering Industrial Design, Technion, Izrael
- Saunders. 2003. zapalenie stawów - definicja zapalenia stawów w słowniku medycznym - przez Free Online Medical Dictionary, Thesaurus i Encyclopedia. *Miller-Keane Encyklopedia i Słownik Medycyny, Pielęgniarstwa i Zdrowia Sprzymierzonego, wydanie siódme.* Dostępny pod adresem: http://medical-dictionary.thefreedictionary.com/Arthritis [dostęp uzyskano 18 lipca 2012 r.].
- Shehu, V., 2011. Strategie projektowania uniwersalnego dla krajów rozwijających się, studium przypadku: Tirana. Uniwersytet Epoka.
- Somerville, M.A. 1998. Programy transdyscyplinarne UNESCO, wstępne spostrzeżenia.
- Stawka, R.E. 2005. (3rd eds) *The Sage Handbook of Qualitative Research.* Thousand Oaks, CA: Sage.
- Swanepoel Lizette, 2015. Lizette Swanepoel. | LinkedIn. *Linkin.* Dostępne pod adresem: http://www.linkedin.com/profile/view?id=ADEAABRLs_UBscxQ3dQJFuQAYHaGrUhCmhHO_-0&authType=NAME_SEARCH&authToken=1AIu&locale=en_U

S&srchid=1461780181444639910259&srchindex=1&srchtotal=6 &trk=vsrp_people_res_name&trkInfo=VSRPsearchId:146178018 1444639910259%2 [Dostęp uzyskano 12 października 2015 r.].
Teoh, C. 2013. Projektowanie zorientowane na użytkownika (UCD) - 6 metod. Dostępny pod adresem: http://www.webcredible.co.uk/user-friendly-resources/web-usability/user-centered-design.shtml [Dostęp uzyskano 4 kwietnia 2013 r.].

- Thomas, F.H., 1999. Budowanie potencjału zawodowego w ITS: Wytyczne dotyczące obsady kadrowej, zatrudniania i projektowania idealnych zespołów projektowych,
- Transdyscyplinarne. Paryż: UNESCO, Wydział Filozofii i Etyki [Online]. Dostępny: www.unesco.org/philosophy/transdisciplinarity [dostęp uzyskano 4 stycznia 2000 r.].
- Thomas, G. 2011. *Jak zrobić swoje studium przypadku*. Londyn, Zjednoczone Królestwo: SAGE Publications
- Uniwersytet Narzędziowy, 2013. Jaka jest definicja siłownika liniowego? *Szkolenie z zakresu hydrauliki i pnuematyki*, str.1. Dostępny pod adresem: http://www.toolingu.com/definition-570120-31744-linear-actuator.html [dostęp uzyskano 26 lutego 2014 r.].
- Tuomilehto, J. & Wareham, N., 2006. Definicja niepełnosprawności `: co jest w nazwie `? *The Lancet*, 368(OCtober 7), str.1219-1222.
- Upadhyay, A., 2004. Opracowanie zadań w zakresie oceny zdolności prowadzenia pojazdów przez osoby niepełnosprawne. Dostępny na stronie:

http://carrt.eng.usf.edu/Research/Publications/Theses/Ashwin Upadhyay.pdf.

- Vignon, J., 2002. Zabezpieczenie społeczne i integracja społeczna DEFINICJE DEFINICJE DZIAŁALNOŚCI W EUROPEJSKIM ZAKRESIE DEFINICJI DZIAŁALNOŚCI. , p.239.
- Uniwersytet Zachodni, 2015. School of OT going global - Wydział Nauk o Zdrowiu - Uniwersytet Zachodni. Dostępny pod adresem: http://www.uwo.ca/fhs/news_events/news/2013/school_of_ot_going_global.html [dostęp uzyskano 12 października 2015 r.].
- Weston, M., 2009. ADL's i IADL's: Co to za różnica? |jako wiek naszych rodziców na WordPress.com. Dostępny pod adresem: http://asourparentsage.net/2009/12/17/adls-and-iadls-whats-the-difference/ [Dostęp uzyskano 1 marca 2016 r.].
- Weir, D.H., 2010. Zastosowanie symulatora jazdy do rozwoju interfejsów człowiek-maszyna w pojeździe. *IATSS Research*, 34(1), str.16-21. Dostępny pod adresem: http://linkinghub.elsevier.com/retrieve/pii/S0386111210000063 [dostęp uzyskano 14 stycznia 2014 r.].
- Uniwersytet Zachodni, 2015. School of OT going global - Wydział Nauk o Zdrowiu - Uniwersytet Zachodni. Dostępny pod adresem: http://www.uwo.ca/fhs/news_events/news/2013/school_of_ot_going_global.html [dostęp uzyskano 12 października 2015 r.].
- Weston, M., 2009. ADL's i IADL's: Co to za różnica? |jako wiek naszych rodziców na WordPress.com. Dostępny pod adresem: http://asourparentsage.net/2009/12/17/adls-and-iadls-whats-the-difference/ [Dostęp uzyskano 1 marca 2016 r.].
- Wickens, C.D. & Seppelt, B., 2002. AHFD Zakłócenia w prowadzeniu pojazdu lub informacje o zadaniach w ruchu `:

Efekty wizualnej dostawy audytorowej Versus General Motors Corporation. (grudzień).

- Wieviorka, M. 1992. "Studia przypadku: historia czy socjologia?" w C.C. Ragin i H.S. Becker (red.), *Co to jest przypadek? Poszukiwanie podstaw społecznego dochodzenia.* Nowy Jork: Cambridge University Press.
- Yin, R.K., 2011. *Applications of Case Study Research*, USA: SAGE Publications. Dostępny pod adresem: https://books.google.com/books?hl=enr=d=FgSV0Y2FleYCgis=1 [Dostęp uzyskano 7 marca 2016 r.].
- Yin, R.K. et al., 2006. *Handbook of complementary methods in education research* J. L. Green, G. Camilli, & P. B. Elmore, eds., Mahwah: Lawrence Erlbaum Associates. Dostępny pod adresem: http://www.google.com/books?id=pt2JBMMlQG0C [dostęp uzyskano 8 marca 2016 r.].
- Yin, R. K., Green, J. L., Camilli, G., & Elmore, P. B. (2006). *Podręcznik metod uzupełniających w badaniach edukacyjnych.* (J. L. Green, G. Camilli, & P. B. Elmore, Eds.)*Fundacje (*Vol. 790). Mahwah: Lawrence Erlbaum Associates. Odzyskane z http://www.google.com/books?id=pt2JBMMlQG0C
- Yin, R.K. et al., 2006. *Handbook of complementary methods in education research* J. L. Green, G. Camilli, & P. B. Elmore, eds., Mahwah: Lawrence Erlbaum Associates. Dostępny pod adresem: http://www.google.com/books?id=pt2JBMMlQG0C [dostęp uzyskano 8 marca 2016 r.].
- Yin, R.K., 2011. *Applications of Case Study Research*, USA: SAGE Publications. Dostępny pod adresem:

https://books.google.com/books?hl=enr=d=FgSV0Y2FleYCgis=1
[Dostęp uzyskano 7 marca 2016 r.].

8 DODATEK A: FORMULARZ ZGODY CPUT

Katedra Wzornictwa Przemysłowego na Wydziale Informatyki i Wzornictwa Politechniki Cape Peninsula

"Formularz zgody dla uczestników badań dostosowany na podstawie szablonu (dostępny na stronie: www.ucc.ie/research/rio/documents/InformedConsentFormTemplate.doc)".

Celem tego formularza jest ułatwienie świadomej zgody poprzez komunikowanie się z uczestnikami w języku, który jest dla nich zrozumiały.

Cel badania: W ramach wymagań do uzyskania tytułu magistra technologii na Uniwersytecie Technologicznym Cape Peninsula, muszę przeprowadzić badania naukowe. Badanie dotyczy projektu Universal Design in Automobiles i koncentruje się na sterowaniu za pomocą przewodów. Badanie będzie obejmowało zarówno nieformalne, jak i formalne wywiady, testowanie prototypów przez użytkowników, a także, nie ograniczając się do ergonomicznego i antropometrycznego zbierania danych o uczestnikach.

- Uczestnictwo jest dobrowolne.
- Anonimowość będzie respektowana na żądanie.
- Wszelkie dane badawcze będą przechowywane i publikowane po zakończeniu pracy, o ile nie zostanie złożony inny wniosek.
- Co się stanie z wynikami?

Wyniki zostaną przedstawione w niniejszej pracy dyplomowej.

- Jakie są możliwe wady wzięcia udziału?

Nie przewiduję żadnych negatywnych konsekwencji waszego udziału. Możliwe, że mówienie o swoich doświadczeniach w rozmowach kwalifikacyjnych może spowodować pewien niepokój.

o Jakieś dalsze pytania?

Jeśli potrzebujesz dalszych informacji, możesz skontaktować się ze mną lub z moimi przełożonymi:

- o Gerhardus Coetzee
- ▪ Tel. +27744806256
- ▪ E-mail: coetzee.gerhard1@gmail.com
- o Nadzorca: Vikki Du Preez
- ▪ Tel: +27 21 460 3820
- ▪ E-mail: DuPreezV@cput.ac.za
- o Współ-nadzorca: Prof. Mugendi M'Rithaa
- ▪ Tel: +27-21-4691027

1.1.1. E-mail: MugendiM@cput.ac.za

- o Współ-nadzorca: Prof. Oscar Philander
- ▪ Tel: +27-21-953 8535
- ▪ E-mail: PhilanderO@cput.ac.za

Jeśli wyrażasz zgodę na wzięcie udziału w badaniu, podpisz formularz zgody na odwrocie.

9 DODATEK B: FORMULARZ ZGODY CPUT

Zgadzam.. się na udział w badaniach [*Gerhardus Johannes Coetzee*].

Cel i charakter badania został mi wyjaśniony.

Uczestniczę w tym dobrowolnie.

Udzielam zgody na to, aby moje wywiady z [*Gerhardus Johannes Coetzee*] zostały zarejestrowane w

☐ Audio

☐ Visual

Rozumiem, że mogę wycofać się z badania, bez żadnych konsekwencji, w każdej chwili, czy to przed jego rozpoczęciem, czy w trakcie uczestnictwa.

Rozumiem, że mogę wycofać zgodę na wykorzystanie danych w ciągu dwóch tygodni od przesłuchania, w którym to przypadku materiał zostanie usunięty.

Rozumiem, że anonimowość zostanie zapewniona w procesie pisania poprzez ukrycie mojej tożsamości, jeśli będę tego chciał.

Rozumiem, że fragmenty mojego wywiadu mogą być cytowane w pracy magisterskiej i wszelkich późniejszych publikacjach, jeśli udzielę wymaganej zgody poniżej:

(Proszę zaznaczyć jedno pole:)

☐ Zgadzam się na cytowanie/publikowanie wyciągów z mojego wywiadu

☐ Nie zgadzam się na cytowanie/publikowanie wyciągów z mojego wywiadu

Podpisano . Data .

10 DODATEK C: TABELE

	Trial 1		Trial 2		Trial 3		Trial 4		Trial 5		Trial 6	
	Manual	Photo	Manual	Photo	Manual	Photo	Manual	Photo	Manual	Photo	Manual	Photo
Stature	115.2	115.6	115.4	114.9	115	115.6	114.9	115.5	115	115.5	114.6	115.5
Shoulder height	84.2	86.9	84.5	85.8	84	86.2	84.9	87.3	84.6	86.9	84.3	87.1
Trochanteric height	40.9	42.1	43.2	44.0	43.7	45.0	45.3	46.7	42.4	43.2	43.3	45.6
Knee Height	24.6	25.2	25.1	25.0	24.4	25.2	24.8	25.6	25.3	25.9	25.7	25.9
Ankle Height	5.2	4.7	5.3	4.6	5.5	5.3	5.4	5.2	5.4	5.2	5.4	5.6
Foot Length	17.8	19.0	18.6	18.7	18.4	18.5	18.8	18.7	18.8	18.8	18.6	18.8
Upper Arm Length	16.8	18.6	18.7	18.7	18.6	18.9	18.2	18.9	18.4	18.8	18.2	18.5
Forearm Length	14.9	15.0	15.9	14.5	15	14.5	14.1	14.8	14	14.3	14.9	14.8
Hand Length	12.9	12.4	12.4	12.3	12.6	12.5	12.7	12.4	12.8	12.7	13	12.6
Hand Breadth	6.3	6.9	6.7	6.8	6.5	6.9	6.5	6.7	6.6	6.7	6.6	6.4

Tabela 3.1.4: Tabela podstawowych pomiarów statycznych dla osób z karłowatością typu Achondroplasia.

(Ferguson. 2007)

	Mean (cm)	Standard Deviation (cm)	Coefficient of Variation (%)
Stature	121.46	12.63	10.40
Trochanteric Height	52.35	8.34	15.94
Ankle Height	6.01	1.42	23.61
Upper Arm Length	20.56	4.16	20.24
Forearm Length	16.18	3.52	21.77
Hand Length	12.85	2.21	17.22
Hand Breadth	7.38	0.83	11.28
Foot Length	18.80	3.29	17.52
Shoulder Height	94.07	11.72	12.45
Elbow Height	74.17	9.32	12.57
Wrist Height	61.71	7.69	12.47
Fingertip Height	50.16	5.88	11.72
Knee Height	29.90	4.40	14.70
Biacromial Breadth	33.59	3.98	11.85
Hip Breadth	34.21	4.10	11.99
Foot Breadth	8.77	1.05	11.99
Sitting Height	77.97	7.84	10.05
Sitting Shoulder Height	50.09	5.76	11.49
Elbow Rest Height	29.08	5.75	19.76
Buttock to Popliteal Length	29.85	4.36	14.61
Popliteal Height	21.41	4.00	18.68
Buttock Breadth Sitting	37.81	4.26	11.26

Tabela 3.1.5: Zestawienie pomiarów statycznych dla osób z karłowatością typu Achondroplasia.

(Ferguson. 2007)

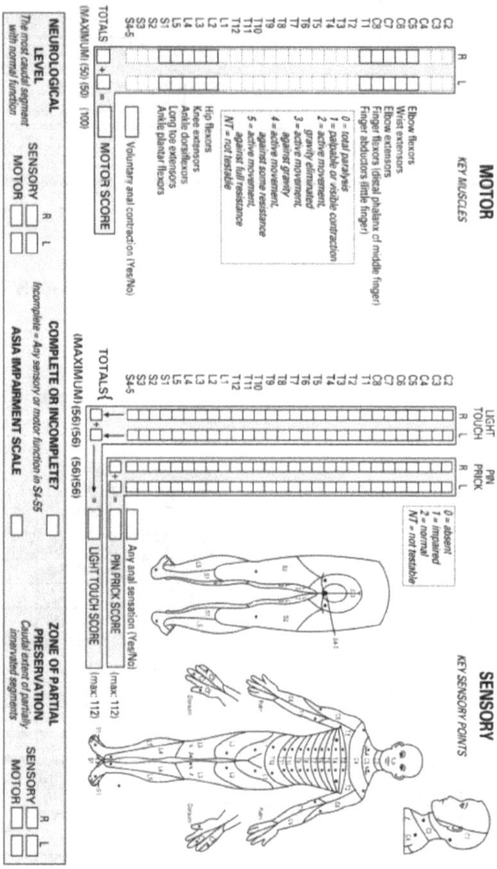

11. ZAŁĄCZNIK D

Powyższy wykres jest standardową klasyfikacją neurologiczną urazów rdzenia kręgowego. Odtworzone z Międzynarodowych Standardów Neurologicznej Klasyfikacji Urazów Rdzenia kręgowego, zmienionych w 2000 r. American Spinal Injury Association/International Medical Society of Paraplegia (Grundy & Swain, 2002).

12. ZAŁĄCZNIK E

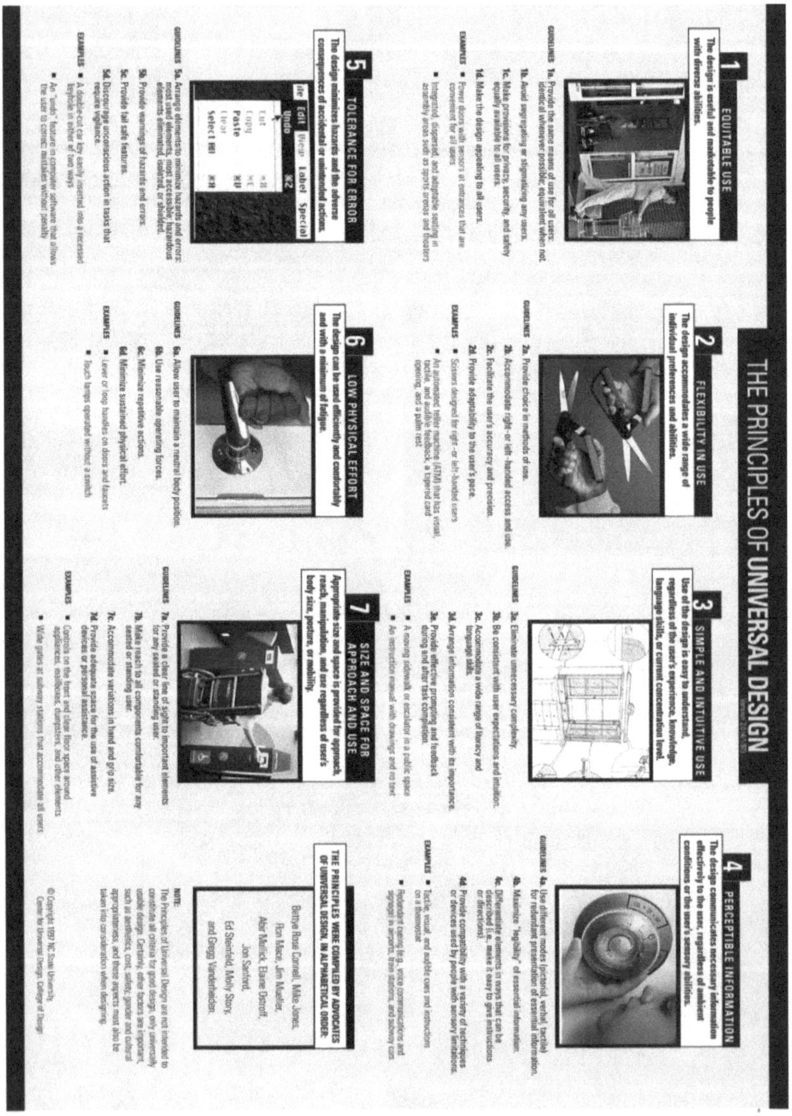

FSC
www.fsc.org
MIX
Papier | Fördert
gute Waldnutzung
FSC® C083411

Kolibri 360 GmbH
Ferdinand-Jühlke-Straße 7
99095 Erfurt, Deutschland
produktsicherheit@kolibri360.de

Druck:
CPI Druckdienstleistungen GmbH
im Auftrag der
Kolibri 360 GmbH
Ferdinand-Jühlke-Str. 7
99095 Erfurt